Hauzenberg

Max Bauer

Kopfsteinpflaster

Erinnerungen

Mit einem Vorwort von Max von der Grün
und einem Nachwort von Dieter Adelmann

Eichborn Verlag

CIP-Kurztitelaufnahme der Deutschen Bibliothek

Bauer, Max:
Kopfsteinpflaster: Erinnerungen / Max Bauer.
Mit e. Vorw. von Max von der Grün u. e.
Nachw. von Dieter Adelmann. – Frankfurt am
Main: Eichborn, 1981
ISBN 3–8218–0901–9

Eichborn Verlag
März 1981

Umschlaggestaltung: Dagmar Bojko, Matthias Holub
unter Verwendung eines Fotos von Max Bauer
Layout: Adolf Heinzlmeier

Gesamtherstellung: Fuldaer Verlagsanstalt GmbH
Printed in Germany
ISBN 3–8218–0901–9

Max von der Grün
Vorwort

Ein Mann erzählt sein Leben.

Schmucklos, ohne literarische Schnörkel, eindringlich und bedrückend zugleich wird eine Periode deutscher Geschichte, deutscher Wirklichkeit ausgebreitet, das Kaiserreich, die Weimarer Republik, die Naziherrschaft und zum Schluß die bundesdeutsche Wirklichkeit. Hier erzählt ein Arbeiter, der immer zur Klasse der Besiegten gehörte, nicht zu jenen der Sieger, die von Schlachten und von verpaßten Chancen berichten und so die Geschichte verkleistern.

Das ist Geschichtsschreibung von unten, von einem Menschen, der immer sehen mußte, wie er morgen satt wird, der sehen mußte, wo er morgen Arbeit bekommt, wo er morgen schlafen kann, er strebt nie nach Reichtümern, aber doch nach einem Häuschen, das ihm vielleicht ein Stück Unabhängigkeit bringen könnte.

Mich hat dieser Bericht betroffen gemacht, weil er auch von meiner Mutter hätte aufgeschrieben werden können; auch ich selbst habe dieses hier geschilderte Stück Leben jahrzehntelang selbst durchlebt: von einer Armut in die andere, von einer Demütigung in die andere, aber auch von einer Hoffnung in die andere, und was diesen Bericht so wertvoll, so menschlich macht, ist das Fehlen von Resignation, kein Selbstmitleid, keine intellektuelle Larmoyanz — nein, Lebensbejahung, auch und gerade in Zeiten tiefster Verzweiflung, sprachloser Trauer.

Hätten wir mehr solcher Berichte, die wir einer heranwachsenden Generation weitergeben könnten, das Bild unserer Wirklichkeit, das Bild der Vergangenheit würde korrigiert werden, daß nur die Großen Geschichte machen, die da unten aber nur Fußnoten der Geschichte sind, Helfer, Wasserträger für jene, die sich hinaufspekuliert haben und am Ende ihrer Tage ihre Biografie schreiben.

An diesem Bericht ist mir wieder eines klar geworden: Die Geschichte der Besiegten können nur die Besiegten selbst schreiben, auch wenn es auf den ersten Blick unbeholfen aussehen mag, aber besser das als Schönfärberei.

Ich wünsche mir nur, daß viele Menschen diesen Lebensbericht lesen, denn er ist ehrlich.

Im 90. Psalm findet sich der Vers: „Unser Leben währet siebenzig Jahre, und wenn's hoch kommt, so sind's achtzig Jahre, und wenn's köstlich gewesen ist, so ist es Mühe und Arbeit gewesen..."

Nach der Lektüre dieses Berichtes habe ich diesen Bibelvers erst verstanden.

Einleitung

Zugegeben, der Mensch verspürt einen inneren Drang, seine Erinnerungen von frühester Jugend an, sei es mündlich oder schriftlich zu schildern.

Memoiren werden veröffentlicht von Politikern, Generälen, Fürstlichkeiten, Schauspielern und vielen anderen Persönlichkeiten.

Lebenserinnerungen jedoch, von einem Menschen der unteren Schicht des Volkes, so stelle ich mir das vor, gelangen kaum an die Öffentlichkeit. Trotzdem versuche ich, obwohl ich nur die Volksschule besuchte, meine Vergangenheit wahrheitsgetreu wiederzugeben. Sollten die Sätze nicht immer den grammatischen Regeln entsprechen, so möge man darüber nicht Rechten, ich genoß nun einmal keine höhere Bildung.

Mag sein, daß der Eine oder Andere an gewissen Stellen meine Ausführungen für übertrieben hält, ich versichere, kein Wort sowie keine Schilderung ist aus der Phantasie entsprungen. Das was ich niederschreibe, entspricht der reinen Wahrheit.

Daß ich unter diesen Verhältnissen in meiner Jugend nicht stolperte und zu Fall kam, das zu ergründen, überlasse ich dem Leser.

In meinen Erinnerungen werde ich mich bemühen, in der Reihenfolge das zu schreiben, was ich gesehen und erlebt habe. Es ist mir, Dank meiner Umsicht sogar möglich, mehrere Stellen dokumentarisch zu untermauern, so daß ein Zweifel an Glaubwürdigkeit ausgeschlossen sein dürfte.

Es würde mich freuen, wenn der Leser aus meinen Aufzeichnungen Kraft zur Selbstbeherrschung schöpfen könnte.

Jahrdorf, 1975

Meine Eltern

F-u-a-d-a-r-a

rief der Bauer, wenn er am frühen Morgen über die Schwelle seiner Haustür schritt, um durch diesen langgezogenen Ruf den Stallbuben, der im Nebengebäude über dem Pferdestall seine Schlafstelle hatte, zu wecken. Ungewöhnlich für mich war dieser Weckruf, als er das erstemal nach Dienstantritt in die Schlafkammer drang.

Man schrieb das Jahr 1918, mein Vater verdingte mich zum Bauer Johann Aßberger in Raßberg. Zu Lichtmeß (2. Februar) fand der Einstand statt. Da zur selben Zeit das Schuljahr am 1. Mai begann und endete, war ich von Lichtmeß bis Mai noch schulpflichtig. Dazu muß ich bemerken, daß der Bauer das Amt des Bürgermeisters inne hatte und der Lehrer die Schreibarbeiten der Gemeinde versah.

Meine Versäumnisse in der Schule kamen dadurch nicht zur Sprache, wenn mich der Bauer auf dem Hof zur Arbeit brauchte. Die daraus sich ergebenden Consequenzen übernahmen der Bauer und der Lehrer.

Um meine Erinnerungen vervollständigen zu können, muß ich zurückblenden in die Zeit meiner frühesten Jugend.

Als viertes Kind meiner Eltern, Maximilian und Anna Bauer, letztere geborene Christl-Url, kam ich am 24.1.1905 in der Ortschaft Fürsetzing, Gemeinde Wotzdorf, Kreis Passau, Niederbayern, zur Welt. Vor mir waren drei Mädchen, Maria, Anna und Berta. Die Geburt des Knaben, erzählte man mir später, war für alle eine große Freude. Diesen Freudenausbruch kann ich jedoch,

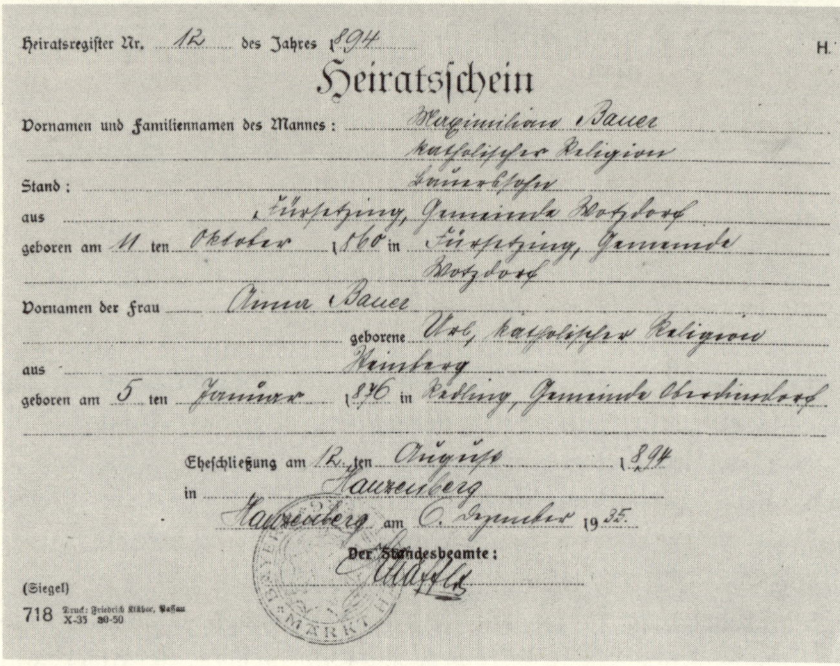

Heiratsregister Nr. 12 des Jahres 1894 H.

Heiratsschein

Vornamen und Familiennamen des Mannes: Maximilian Bauer
katholischer Religion

Stand: Bauernsohn

aus Fürsetzing, Gemeinde Wotzdorf

geboren am 11 ten Oktober 1860 in Fürsetzing, Gemeinde Wotzdorf

Vornamen der Frau Anna Bauer

geborene Url, katholischer Religion

aus Heinberg

geboren am 5 ten Januar 1876 in Redling, Gemeinde Oberdiendorf

Eheschließung am 12 ten August 1894

in Hauzenberg

Hauzenberg am 6. Dezember 1935.

Der Standesbeamte:

(Siegel)

718 Druck: Friedrich Kläber, Passau X-35 30-50

nach dem was in späteren Jahren auf mich zukam, keineswegs als gutes Omen bewerten.

Die Eltern nannten in Fürsetzing ein kleines bäuerliches Anwesen ihr Eigentum.

Meine Kindheit wurde schon sehr früh getrübt durch die häßlichen Auftritte des Vaters, wenn er im alkoholisierten Zustand oft spät nach Hause kam. Nicht selten geschah es, daß die Mutter mit uns Kindern das Haus verlassen mußte, um den Rest der Nacht irgendwo bei Wohnungsleuten zu verbringen.

Was den Vater dazu trieb, innerhalb weniger Jahre, durch lässige Bewirtschaftung, verbunden mit unüberlegten Grundstücks-Verkäufen auch noch das Anwesen zu veräußern, entzieht sich meines Wissens. Übrig blieb von allem das Gespenst der Armut, das auf uns allen lastete. Im weiteren Verlauf wechselte der Vater wiederholt die Gelegenheits-Arbeiten, deren Erlös kaum für die Ernährung der Familie ausreichte. Bald sah sich die Mutter ge-

Geburtsurkunde.

Nr. 18

Hauzenberg am 26. Januar 1905.

Vor dem unterzeichneten Standesbeamten erschien heute, der Persönlichkeit nach

bekannt,

der Gütler

Max Bauer

wohnhaft in Fürsetzing, Gemeinde Wotzdorf

katholischer Religion, und zeigte an, daß von der

Anna Bauer, geborene Uhl, seiner

Ehefrau

katholischer Religion,

wohnhaft bei ihm

zu Fürsetzing in der Wohnung des Anzeigenden

am vierundzwanzigsten Januar des Jahres

tausend neunhundert fünf vormittags

um neun Uhr ein Knabe

geboren worden sei und daß das Kind den Vornamen

Max

erhalten habe.

Vorgelesen, genehmigt und unterschrieben:

Max Bauer

Der Standesbeamte.

Ermer

Daß vorstehender Auszug mit dem Geburts-Hauptregister des Standesamts

zu Hauzenberg

gleichlautend ist, wird hiemit bestätigt

Hauzenberg am 6. ten Januar 1935.

Der Standesbeamte.

Heuleger

(Siegel)

zwungen, sich um eine Beschäftigung umzusehen. Vorbei waren damit meine schönen Stunden, die wir zusammen an ihrem Nähtisch verbrachten und sie mir dabei lustige Lieder vorsang. Viele Arbeiterfrauen aus der Nachbarschaft kamen zu ihr, um für ihre Kinder Kleidchen, Hemden und Schürzen nähen zu lassen, dabei konnte ich Stundenlang zusehen, wenn sie ihre handbetriebene Nähmaschine bediente. Diese Näharbeiten konnte der Vater nicht leiden, ich sah zu, als er eines Tages sämtliche Schnittmuster verbrannte. Seine Zornesausbrüche steigerten sich oft ins Unerträgliche. Die Mutter brachte uns Kinder meistens vor dem Erscheinen des Vaters ins Bett, war das manchmal nicht der Fall, hockten wir schweigend und zitternd in einem Stubenwinkel. Daß die Mutter bei diesen Verhältnissen immer guter Laune war, kann ich heute noch nicht begreifen denn, es sei gesagt, für uns Kinder hatte sie stets nur gute Worte.

Gewiß, auch der Vater hatte manchmal gute Launen, da er sehr belesen war, erzählte er uns an solchen ruhigen Stunden von den Ereignissen in unserem Lande, von fremden Ländern und fernen Erdteilen. Viele junge Leute verließen damals ihre Heimat und wanderten aus, nach Amerika. Zwei Brüder und eine Schwester meiner Mutter reisten ebenfalls über das große Wasser. Briefe von drüben wurden, nach dem Absinken meiner Eltern auf ein niederes Niveau, immer spärlicher und blieben schließlich ganz aus.

Die Verdienstmöglichkeiten im Handwerk waren in dieser Gegend des unteren bayerischen Waldes sehr gering. Granitindustrie, eine nicht besonders gut florierende Bauwirtschaft, Holzarbeit und überwiegend Landwirtschaft waren die Erwerbszweige um Hauzenberg.

In diesen Bereichen fand die Mutter abwechselnd eine Beschäftigung. Wir Kinder mußten uns tagsüber allein zurechtfinden, und wenn in der Grabstein-Schleiferei, wo die Mutter arbeitete, eine dringende Arbeit anfiel, mußte auch des Nachts (ohne Zuschlag) bei Kerzenschein durchgearbeitet werden. (Für die Beleuchtung mußten die Arbeiter selbst aufkommen.) Man muß wissen, daß

Meine Mutter 1902
Berta Anna Maria

diese Arbeitsplätze keine Werkshallen darstellten, sondern nur gewöhnliche Bretterbuden, die wenig Schutz boten gegen die Unbill der Witterung. Bei grimmiger Kälte entfachten die Schleiferweiber (so nannte man sie) ein offenes Holzfeuer auf blankem Boden, um sich die steifen Glieder zu erwärmen. (Auch um das Holz mußten sie sich selbst bekümmern.) Erst in neuerer Zeit, nach dem zweiten Weltkrieg, ist man darangegangen, auf diesem Gebiet moderne Anlagen zu errichten. Die Lebenslage hatte sich kaum gebessert, die niedrigen Löhne der Hilfsarbeiter erlaubten es einer mehrköpfigen Familie nicht, sich alle Tage satt zu essen. Der Vater tobte weiter, die Mutter hatte nichts zu sagen, eine Widerrede durfte ihm niemand entgegensetzen, das brachte ihn zur Raserei.

Wieder einmal kam die Mutter von der Tagesarbeit nicht nach Hause, auch der Vater blieb aus. Der ganze Bericht wäre unvollständig, wenn ich verschweigen würde, was sich im Laufe der Nacht zugetragen hatte. Wir Kinder legten uns zeitig schlafen. Ich war damals im fünften Lebensjahr. Meine um fünf Jahre ältere Schwester Berta und ich schliefen in der Wohnstube zusammen in einem Bettchen. Plötzlich hörten wir von draußen die Fluch- und Scheltworte des Vaters, dann polterte er in die Stube. Als er in der Stube weitertobte, waren wir mittlerweile hellwach. Zu unserem Schrecken ergriff er ein langes Messer und ging drohend auf uns zu. Mit angsterfüllten Blicken richteten wir uns auf und hoben um Erbarmung flehend unsere Händchen. Daraufhin hielt er inne und wandte sich von uns ab. Wie gelähmt, unfähig einer weiteren Bewegung, sanken wir zurück in die Kissen. Was weiterhin geschah, weiß ich nicht mehr, bald schlief ich ein. Es fiel mir nicht leicht, dieses, für uns so schreckliche Ereignis preiszugeben. Wir haben nie ein Wörtchen davon erzählt, selbst nicht der Mutter. Vergessen haben wir diese Nacht nie. In späteren Jahren sprachen Berta und ich noch oft davon.

Der Vater glaubte die Hetzreden und Verleumdungen, die sich von außenstehenden Personen gegen die Mutter richteten und zum großen Teil den Anlaß zu den bösen Auftritten gaben. Wenn

der Vater nach Hause kam, mußte alles in Ordnung sein. Während seiner Anwesenheit durften wir Abends keine Schulsachen hervorholen, Schulranzen sowie alle anderen Gegenstände mußten auf ihrem dafür bestimmten Platz liegen. Auf einem Stuhl sitzend, die Beine auf dem Tisch, las er die Tageszeitung, dabei durfte er nach Feierabend nicht gestört werden.

Über dem Tisch hing eine Petroleum-Ampel. Daß die Ampel tiefer zu hängen kam, um beim Lesen mehr Licht zu spenden, verlängerte er das obere Ende mit einer dünnen Schnur. Die Mutter beschäftigte sich mit einer Strickarbeit, die Kinder saßen schweigend um den Tisch. Nach einer Weile sah ich, wie die Schnur anfing zu glühen und im selben Augenblick fiel die Ampel auf den Tisch, wo sie zerschellte. Durch seine Selbstverschuldung blieben wir diesmal von einer Strafpredigt verschont. Die Anschaffung einer neuen Ampel unterblieb, förderhin begnügten wir uns mit einem kleinen Mauerlämpchen. Wenn man sich heute nach sechzig Jahren die damaligen Verhältnisse vor Augen führt, kann man sich kaum mehr vorstellen, wie die Menschen mit dieser Primitivität zurecht kamen.

Mein Geburtshaus

Unser Haus in Fürsetzing war ein mit Balken gezimmerter Holzbau aus dem achtzehnten Jahrhundert. Über der Haustür hing ein Brettchen mit der eingekerbten Jahreszahl 1777, der Hausgang, genannt Flötz, war ausgelegt mit roten Ziegelsteinen. Rechts gelangte man in die Wohnstube und geradeaus in einen Schuppen. Ein kleiner Anbau schmiegte sich an die westliche Hauswand, ein weiterer an die östliche am Straßenrand. Diese Räume dienten als Wohnungen, die kaum besser aussahen wie ein Hühnerstall.

Unsere Wohnungseinrichtung läßt sich mit wenigen Worten beschreiben. Eine an drei Wänden entlanglaufende Holzbank, ein

Tisch, zwei Stühle, ein Schemel und eine Ofenbank bildeten die Ausstattung in der Stube, hinzu kam in der Ecke rechts vom Eingang ein Kinderbettchen und in der linken oberen Ecke ein mit Vorhängen umgebenes Bett der Eltern. Das Kochgeschirr hing an Nägeln frei an der Wand um den Ofen. Das Teilstück rechts von

4 Jahre alt

der Stubentür bezeichnete man als Hühnerbank, unter ihr war während der Wintermonate das Federvieh untergebracht. Eine Tür neben dem Herd führte in das sogenannte „Stübl" (Nebenraum), die Möbelstücke waren, ein Bett für Kinder, ein Schrank und eine Kommode. Auch eine im Kamin eingebaute „Selch" (Räucherkammer) befand sich darinnen. Eine Falltür führte in ein Kellergewölbe, das an Regentagen bis an die Knie voll Wasser stand. Über eine steile Holzstiege gelangte man auf den Dachboden, wo nur altes Gerümpel lag. Das Dach befand sich in einem derart schlechten Zustand, daß wenn es regnete, das Wasser in den unteren Räumen in aufgestellte Kübel und Eimer tropfte.

Daß sich in einem so alten Holzbau Ungeziefer aller Art halten konnte, ist begreiflich. Mäuse bissen Löcher in die Fußbodenbretter und nicht selten liefen sie in der Stube hintereinander her. In den Ritzen um den aus Ziegeln gemauerten Herd steckten die sogenannten Russen. Gegen Läuse, Flöhe und Wanzen half oft nicht die peinlichste Reinlichkeit, weil sie von Kind zu Kind auch in der Schule übertragen wurden. Trotz aller Mühe der Mutter konnte dieses lästige Ungeziefer kaum ausgerottet werden, weil an die Nistplätze schlecht oder gar nicht heranzukommen war, somit war der Kampf dagegen meistens vergeblich.

Unmittelbar neben dem Haus befand sich der Brunnen. Beim Ziehen des Pumpen-Schwengels entstand ein Ächzen und Knarren, worauf erst nach einigen kräftigen Zügen Wasser, mit meist unsauberem Zeug, in das bereitgestellte Geschirr floß. Des öfteren schickten mich meine Eltern zum Nachbar „Laus" um Trinkwasser, wo in einem steinernen Grand sauberes Quellwasser floß. Als kleiner Knirps mit kaum fünf Jahren mußte ich mich, um das Trinkgefäß vollaufen zu lassen, weit über den Rand des Beckens beugen, dabei verlor ich einmal das Gleichgewicht und stürzte kopfüber in den Wassergrand. Wie durch ein Wunder befreite ich mich mit eigener Kraft aus diesem unfreiwilligen Bade. Das Trinkgefäß im Wasser liegenlassend, trottete ich tropfnaß nach Hause.

Erwähnen muß ich auch das berühmte Häusel, es stand etwa zwanzig Schritte vom Haus entfernt, frei über einen Misttümpel. Ließ man etwas fallen, dann spritzte im Sommer das brakige Wasser an den Hintern und im Winter bildete sich eine gefrorene Drecksäule bis zum Sitzbrett. An Scheune und Stallung kann ich mich nicht erinnern, diese Gebäude waren bei meinem Heranwachsen bereits abgebrochen. In Erinnerung blieb das Haus und der etwa 1000 qm große Garten.

Mein Eintritt in die Volksschule Hauzenberg am 1. Mai 1911 war insofern bemerkenswert, weil an diesem Tag für mich ein neuer Lebensabschnitt begann. Es ist nicht viel Aufsehens gemacht worden und kaum der Rede wert, den Aufwand zum

Schulbeginn zu erwähnen. Außer einem Ranzen, darinnen eine Lesefibel, eine Schiefertafel und etliche Griffel, gab es keine Anschaffungen. Ich weiß auch nichts von einem neuen Anzug, von Schuhen ganz zu schweigen, denn im Mai liefen auf den Dörfern die Kinder längst barfuß. Wohl sah ich besser gekleidete Buben, machte mir aber deswegen keinerlei Gedanken. Ich war von Haus aus kein verwöhntes Kind, wegen meiner Empfindsamkeit jedoch überkam mich am ersten Schultag das Heimweh, und ich fing an zu weinen. Das Lernen machte mir keine Schwierigkeiten, meine Schwestern hatten gute Vorarbeit geleistet, somit zählte ich nach wenigen Wochen zu den besten in der Klasse. 1911 war eine totale Sonnenfinsternis, die Unterbrechung des Unterrichts in der Schule während der Finsternis habe ich gut im Gedächtnis.

1912 verkaufte der Vater das Anwesen in Fürsetzing.

Unmittelbar darauf am 23. April (Georgi) erfolgte die Räumung, wir zogen nach Berbing in ein Austragshäusl.

Die Wohnung war sauber, beinahe hatte es den Anschein, als begänne ein harmonischeres Leben. Bei den Eltern waren nur mehr Berta und ich, die beiden Älteren, Maria und Anna dienten bei einem Bauern. Wir sind nun Häuselleute geworden, „Logi-Leute" hatten zu jener Zeit wenig Recht und schon gar nichts zu sagen. Der Hauseigentümer konnte ohne weiteres einen Wohnungsmann auf die Straße setzen.

Unerklärlich war mir, daß die Mutter kurze Zeit nicht zur Arbeit ging. Als sie dann am 18. August 1912 einem Knaben das Leben schenkte, fiel der Schleier dieses Geheimnisses. Ich war im achten Lebensjahr, konnte jedoch zuvor an der Mutter keine Veränderung erkennen. Im Beisein von uns Kindern fiel nie ein Wort von Familienzuwachs. Wenn ältere Leute von solchen Dingen redeten und sich Kinder näherten, hieß es: „Schindeln sind auf dem Dach", worauf dann die Gespräche sofort verstummten. Auf die Frage von woher kleine Kinder kommen, lautete die Antwort: Man findet sie am Staffelberg unter einem großen Stein.

Als man mich zur Mutter führte und ich mein Brüderchen sehen durfte, war die Freude so groß, daß ich sofort eine Weile im Bettchen bei ihm schlief. Eine Wöchnerin in einfachen Kreisen kannte keine längere Erholung, die Arbeit hatte Vorrang und soziale Hilfe gab es nicht, weder von einer Krankenkasse noch von sonst irgendwoher. Frauen, die am Tag nach der Niederkunft das Bett verlassen mußten, gab es häufig, recht viel anders erging es auch nicht der Mutter, für Erholung blieb keine Zeit.

Das Baugeschäft Leopold Schramm in Hauzenberg vergab Arbeit, schwere Arbeit für Frauen, wenn sie Steine und Mörtel auf die Gerüste schleppen mußten. Die Arbeitszeit der Sechstage-Woche betrug zehn Stunden pro Tag und darüber. Der Stundenlohn in den Jahren vor dem ersten Weltkrieg betrug für Frauen auf dem Bau 0,18 M. (in Worten achtzehn Pfennige). Zum Vergleich von heute möchte ich festhalten, daß ein Laib Brot von ungefähr fünf Pfund 0,60 M. (i.W. sechzig Pfennig) kostete. Ich kannte mehrere Familien, die das Brot tagsüber unter Verschluß hielten. Beinahe ein Festtag war es, wenn die Mutter zum Wochenende am Samstag einen Laib Weißbrot mitbrachte, jedoch um zehn Pfennig teurer. Ein Lohnzuschlag von einem Pfennig pro Stunde bedeutete ein großes Entgegenkommen des Baumeisters. Als die Mutter für ihre außergewöhnliche Leistung neunzehn Pfennig pro Stunde bekam, konnte sie sich nicht genug darüber freuen. Diese bescheidene Aufbesserung brachte pro Woche einen Laib Brot hinzu. Ich rücke im besonderen das Brot in den Vordergrund, weil wir Kinder an nichts anderes dachten, als uns davon sattessen zu können. Oft, ja, sehr oft sogar, bettelten wir bei der Mutter um eine Schnitte Brot, wenn sie uns am Abend zu Bett brachte. Das geschah keineswegs als eine Gewohnheit, es geschah aus Hunger. Heimlich brachte sie das Brot ans Bett, der Vater durfte es nicht sehen. Jedesmal ermahnte sie uns, ja keine Brösel aufs Bettuch zu verstreuen, nun, eine überflüssige Mahnung, wir sorgten dafür, daß kein Krümchen verloren ging. Selbstverständlich trockenes Brot, wir kannten keinen Aufstrich, es schmeckte trotzdem vorzüglich.

In der Familie galt sparen als oberstes Gebot. Jedes Mitglied mußte zur Verbesserung der Lebenslage beitragen. Sobald im Frühling die Sonne warm aus den Wolken blitzte, zogen die Kinder Holzschuhe und Strümpfe aus und liefen barfuß, auch bei Wind und Regen wobei es uns Spaß machte, wenn der Morast auf der Dorfstraße zwischen den Zehen hervorquoll.

Beim Beginn des Sommers hatten wir alle Hände voll zu tun. Es wurde gesammelt, besonders der Wald mit seinen Reichtümern bot das lohnendste Ziel. Der Wald lieferte Brennholz woran es immer mangelte. Holz- und Wildfrevel, verübt von meist kinderreichen Familienvätern, aber auch von Jagdleidenschaft-Besessenen. Das illegale Fischen in den fischreichen Bächen unserer Gegend war ein verbreitetes Übel. Für uns Kinder waren die Heidelbeeren das einträglichste Geschäft. In dieser Saison wurde der dadurch erzielte Verdienst für die Anschaffung der allernotwendigsten Kleidungsstücke verwendet, im übrigen das einzige Privileg, uns für diesen Erlös etwas kaufen zu dürfen. Alles was aus Wald und Flur, Feld und Garten eßbar war, kam auf den Tisch. Ein Mus aus Heidelbeeren, Hollunderbeeren, Äpfel und Birnen vermischt mit anderen Obstsorten schmeckte vorzüglich. Apfelschalen wurden getrocknet sowie Hollunderblüten, Lindenblüten, Kamillen und vieles mehr. Oft schickte uns die Mutter auf den Dorfanger um weiße Kleeköpfchen, schnell war eine Tasse vollgepflückt und eh wir uns versahen ein wohlduftender Tee fertig. Pilze wuchsen in rauhen Mengen, alle diese Früchte füllten unsere Mägen und kosteten nichts.

Der Herbst lieferte die Hauptnahrung für den Winter. Erdäpfel, Kraut und Rüben pflanzten die Häuselleute auf den Bauernhöfen, wofür sie im Sommer bei den Erntearbeiten helfen mußten. Lohnausfall während der Wintermonate bedeutete Hunger in der Familie. Deshalb galt der vielzitierte Ausspruch:

„Die Hauptsache ist, wir haben Kraut und Erdäpfel."

In einer zehn- oder mehrköpfigen Familie schickten nicht selten die Eltern ihre Kinder betteln. Trotz harter, von Früh bis zum späten Abend geleisteten Arbeit, gelang es nicht, aus der Misere

In der Familie galt sparen als oberstes Gebot. Jedes Mitglied mußte zur Verbesserung der Lebenslage beitragen. Sobald im Frühling die Sonne warm aus den Wolken blitzte, zogen die Kinder Holzschuhe und Strümpfe aus und liefen Barfuß, auch bei Wind und Regen wobei es uns spaß machte wenn der Morast auf der Dorfstraße zwischen den Zehen hervorquoll.

Beim beginn des Sommers hatten wir alle Hände voll zu tun. Es wurde gesammelt, besonders der Wald mit seinen Reichtümern bot das lohnenste Ziel. Der Wald lieferte Brennholz woran es immer mangelte. Holz und Wildfrevel, verübt von meist kinderreichen Familienvätern, aber auch von Jagdleidenschaft—Besessenen. Das illegale Fischen in den fischreichen Bächen unserer Gegend, war ein verbreitetes Übel. Für uns Kinder waren die Heidelbeeren das einträglichste Geschäft. In dieser Saison wurde der dadurch erzielte Verdienst für die Anschaffung der allernotwendigsten Kleidungstücke verwendet, im übrigen, das einzige Privileg, uns für diesen Erlös etwas kaufen zu dürfen. Alles was aus Wald und Flur, Feld und

Garten eßbar war, kam auf den Tisch. Ein Mus aus Heidelbeeren, Hollunderbeeren, Äpfel und Birnen vermischt mit anderen Obstsorten schmeckten vorzüglich. Apfelschalen wurden getrocknet sowie Hollunderblüten, Lindenblüten, Kamillen und vieles mehr. Oft schickte uns die Mutter auf den Dorfanger um weiße Klee-köpfchen, schnell war eine Tasse vollgepflückt und ehe uns wir versahen ein wohlduftender Tee fertig. Pilze wuchsen in rauhen Mengen, alle diese Früchte füllten unsere Mägen und kosteten nichts.

Der Herbst lieferte die Hauptnahrung für den Winter. Erdäpfel, Kraut und Rüben pflanzten die Häusel-leute auf den Bauernhöfen wofür sie im Sommer bei den Erntearbeiten helfen mußten. Lohnausfall während der Wintermonate bedeutete Hunger in der Familie. Deshalb galt der vielzitierte Ausspruch:

„Die Hauptsache ist, wir haben Kraut und Erdäpfel."

In einer zehn oder mehrköpfigen Familie schickten nicht selten die Eltern ihre Kinder betteln. Trotz harter, von Früh bis zum späten Abend geleisteten Arbeit gelang herauszukommen, dadurch flüchteten sehr viele Männer in die Resignation und versoffen den letzten Groschen. Irgend einen Wunsch zu äußern, fiel uns garnicht ein, er wäre sowieso unerfüllt geblieben. Wir waren froh, wenn wir genug zu Essen hatten.

Über unserer Wohnung in Berbing wohnte eine Familie mit Namen Heindl. Herr Georg Heindl, seines Zeichens ein kleiner Steinmetzmeister, schickte seinen Sohn Georg mit Lohngeldern, verwahrt in einem kleinen Säckchen, nach Hauzenberg-Bahnhof, wo die Arbeiter auf ihre Auszahlung warteten. Georg, einige Jahre älter als ich, überredete mich, mitzugehen. Im Säckchen befanden sich Goldmünzen in Zehn- und Zwanzig-Mark-Stücken. Die Münzen gefielen uns so sehr, daß wir sie auf dem Weg nach Hauzenberg wiederholt herausnahmen und zählten. Ein letztes mal zählten wir am Straßenrand gegenüber der Bahnhofsrestauration Hans Leyerseder.

Als der Steinmetz-Polier das Geld in Empfang genommen hatte und zählte, fehlte ein Zwanzig-Mark-Stück. Erschrocken starrten wir den Mann an. Georg drehte alle Taschen um, „nichts", ich hatte es auch nicht. Schnell liefen wir zurück zum Strassenrand, wo wir den Platz unseres letzten Aufenthaltes in Erinnerung hatten und, siehe da, auf einem Stein lag das Goldstück und glänzte in der Sonne. Nicht auszudenken, was auf uns zugekommen wäre, hätten wir das Geldstück nicht wiedergefunden. Zwanzig Mark waren damals (1912) ein kleines Vermögen. Erleichtert traten wir den Heimweg an. Nach drei Jahren waren die Goldmünzen auf dem Geldmarkt verschwunden.

1913 zogen wir als Häuselleute nach Fürsetzing in unser ehemaliges Haus. Das kleine Zimmerchen gegenüber der Wohnstube bot kaum Platz für vier Personen. Hausherr spielte jetzt Matthias Stemplinger mit seiner Ehefrau Karolina, eine nahe Verwandte von meiner Mutter. Eingeengt durch den winzigen Raum, oder vielleicht auch deshalb, weil der Vater im Hause nichts mehr zu sagen hatte, kam es bald zum Streit. Außer uns konnte der Vater niemandem mehr Ruhe gebieten. Die Familie Stemplinger zählte neun Personen, sehr viel Ruhe war da nicht zu erwarten. Daran konnte sich der Vater nicht gewöhnen.

Die seelischen Belastungen erreichten wieder mal ihren Höhepunkt, als bei unserer Maria gewisse Anzeichen sichtbar wurden. Manchmal entstanden Situationen, daß wir den Vater gar nicht mehr sehen mochten, denn unter seinen Wutausbrüchen hatten wir Unsagbares zu erdulden. Nur durch gute Worte außenstehender Leute ließ er sich herbei, die Maria zur Entbindung in unserer Wohnung aufzunehmen. Etliche Tage nach der Geburt eines Knaben wies sie der Vater aus der Wohnung und wieder in den Dienst zum Bauern. Die Eltern des Kindsvaters nahmen den Knaben an sich und zogen ihn groß. Bemerkung: Damals brachten die Frauen ihre Kinder in den Wohnungen zur Welt, Entbindungsheime kannte man nicht.

Berta mußte nach der Schulentlassung sofort zu fremden Leuten in den Dienst. Fortan waren nur mehr mein kleiner Bruder Michael und ich bei den Eltern. Ich hatte große Freude an ihm, war er doch von jetzt an die meiste Zeit in meiner Obhut. Sieben Jahre Altersunterschied spielte zwar eine Rolle, dennoch vertrugen wir uns gut mitsammen.

Das Wohnen bei Stemplinger in Fürsetzing konnte nicht von langer Dauer sein. Platzmangel und dauernde Reibereien ließen sich nur durch einen neuen Wohnungswechsel umgehen. Mit der Überlegung, eine Wohnung bei einem Bauern zu suchen, wo die Miete durch Mitarbeit auf dem Hof abgegolten werden sollte, schien es, als sei dieser Plan eine vernünftige Lösung. Ausersehen dazu war der Stemplinger-Hof. Wie üblich, sollte nach längerer Überlegung der Umzug auf Georgi am 23. April 1914 stattfinden. Alles deutete darauf hin, die Vereinbarung sei perfekt, waren doch Maria und Anna als Mägde bei Stemplinger, selbst die Eltern gingen des öfteren hin zum Arbeiten, doch es kam anders.

Den Grund, weshalb wir dann im April 1914 nicht zum Stemplinger-Hof, sondern in die Wohnung des Kleinbauern Johann Anetzberger in Oberdiendorf zogen, habe ich nie erfahren. Schon der

Einzug bei Anetzberger (Hiasl Hans) vollzog sich in tragisch-komischer Weise. Die Wohnung, bestehend aus zwei Räumen, war sehr unbequem. Um in die Stube zu gelangen, mußte man einen Raum durchschreiten. Wie überall in den alten Wohnungen, befand sich auch hier ein mit Ziegeln gemauerter Herd. Auf der gußeisernen Herdplatte fehlten einige Ringe. Darauf aufmerksam gemacht, ging der Bauer hinter das Haus, wo zwischen Brennesseln und Holunderstauden altes Gerümpel lag. Nachdem er dort einige verrostete Ringe gefunden hatte, kam er zurück und legte sie in die Öffnung. Da die Ringe nicht die passende Größe aufwiesen, entstand eine kleine Pyramide. Mit der Bemerkung: „Die passen schon" entfernte sich der Hausherr. Sprachlos bestaunten wir diese Meisterleistung. Es bedurfte einer längeren Umschichtung, bis uns ein Ausgleich einigermaßen gelang.

Weiterhin mußte die Mutter nach Hauzenberg zur Arbeit. Der Nachteil war ein längerer Anmarsch-Weg und eine spätere Heimkehr. Wenn sie am Abend für uns etwas zu erledigen hatte, fielen ihr vor Müdigkeit die Augen zu. Ich machte mich nützlich, half der Mutter bei den häuslichen Arbeiten, lernte Stricken, stopfte Strümpfe, nähte Stoffsohlen auf Socken und wenn nötig einen Flicken auf den gerissenen Hosenboden. Zum Herumstreunen blieb wenig Zeit, es war mein kleiner Bruder Michael, der inzwischen Laufen gelernt hatte, der meine Freiheit in Anspruch nahm.

Der Vater sollte während der Sommer-Monate bei Anetzberger mitarbeiten, nun, es gab auch hier Streit, somit war der Burgfriede wieder einmal gestört. Die Bauersleute jedoch waren tolerant, das harmonische Verhalten uns Buben gegenüber blieb bestehen. Wir gingen bei ihnen ein und aus und spielten mit ihren beiden Buben wie eh und jeh.

Es war im Spätherbst, an einem langen Abend waren Michael und ich allein. Bei Einbruch der Dunkelheit nahmen wir eine Weile Zuflucht bei den Hausleuten. Hungrig saßen wir still auf der Bank, während die Bauersleute mit ihren Kindern die Abendsuppe aßen. Plötzlich bemerkte Michael einen, neben dem Ofen für die Schweine abgestellten Topf heißer Kartoffeln. Ohne daß ich ihn hindern konnte, lief er wie ein Rasender drauflos und aß davon. Vor Rührung kamen mir die Tränen, mich deren schämend, nahm ich mit Gewalt den Kleinen in meine Arme und trug ihn in unsere Wohnung. Im dunkeln zogen wir uns aus und legten uns schlafen. Während Michael bald einschlief, blieb ich wach, bis die Mutter heimkam. Vor ihren Augen verbarg ich die Spuren meiner Tränen so gut ich konnte. Die Mutter kochte eine Mehlsuppe und alles war wieder gut. Heute noch denke ich mit einer inneren Wehmut an diese Szene.

Wenn es schon in Friedensjahren für eine Arbeiterfamilie nicht viel erfreuliches gab, so brachte der Ausbruch des ersten Weltkrieges düstere Jahre. Sehr gut erinnere ich mich an die Nacht vom 2. Aug. 1914, als der Bürgermeister von Oberdiendorf mit der Handglocke läutend durch die Ortschaft ging und vor jedem Haus die Bekanntmachung ausrief:

„Heute, den zweiten August ist der erste Mobilmachungstag." Es ist eingetreten, was seit der Ermordung des österreichischen Thronfolger-Paares in „Sarajewo", in der Luft lag.

Da viele Leute die Meinung vertraten, der Krieg sei an Weihnachten zu Ende, herrschte in gewissen Kreisen helle Begeisterung. Unser Vater hatte recht, als er zu den Dorfbewohnern sagte:

„Dieser Krieg wird mehrere Jahre dauern."

Gedämpfte Stimmung überschattete bald alle Hochrufe als die ersten Männer fort mußten. Schließlich suchten die Leute Zuflucht und Trost beim Gebet. Die Dorfgemeinschaft kam überein, täglich gemeinsam einen Rosenkranz zu beten. Da jedoch dieses Gebet nicht für die Beendigung des Krieges, sondern daß der liebe Gott den Deutschen den Sieg schenken möge, gedacht war, ist der Einfall einer Bäuerin bemerkenswert. Eines Tages sagte sie zu den andächtig Versammelten: Es ist vielleicht gut und vorteilhaft, den Herrgott um den Sieg zu bitten, aber wie soll er entscheiden, wenn die Franzosen dasselbe tun? Die Antwort darauf blieb man ihr schuldig, solche Fragen sollte man, meines Erachtens, einfa-

chen Leuten nicht stellen. In der Schule sangen wir die „Wacht am Rhein." Die Bilder vom deutschen Kaiser Wilhelm des II. und des Bayernkönigs Ludwigs des III. blickten im Klassenzimmer von der Wand auf uns hernieder. Bald erzählte uns der Lehrer von den Siegen der tapferen Deutschen an allen Fronten.

Durch die Verlängerung des Krieges und die weitere Ausdehnung auf fast alle europäischen Länder wurden die Lebensmittel sowie Gebrauchsgüter drastisch eingeschränkt. Die Arbeiterfamilien bekamen als erste die Knappheit zu spüren. Eines Tages von der Schule kommend, lief mir mein Brüderchen entgegen und kündigte mir freudestrahlend die Mittagsmahlzeit an. In seinem kindlichen Geplapper erzählte er von einem P-i-k-a-d-a-t-s-c-h, nun, mich erwartete ein klebriger Kartoffel-Datschi. Wir haben uns satt gegessen und, mit dem Vorhandenen zufrieden, ging der Alltag weiter.

Der Sommer verging, der Herbst gab uns wieder die Hauptnahrung für den Winter, die Erdäpfel. Nach den Erntearbeiten nutzte der Vater jede Gelegenheit zum einholen von Brennholz. Jenseits des Staffelbaches zwischen den Bahnstationen Oberdiendorf und Kaindlmühle befanden sich durch Holzeinschlag Baumstümpfe, die der Vater zerkleinerte. Bei warmer Witterung war es möglich, barfuß durchs Wasser zu waten. Die Holzarbeit dauerte bis hinein in die Wintermonate. An kalten Tagen war es uns nicht mehr möglich, die Holzscheite auf der Schulter über den Bach zu schaffen, wir benutzten dazu ein Seil. Der Vater legte jeweils um ein Holzscheit eine Schlinge und meine Aufgabe war es, das Stück Holz an mein Ufer zu ziehen. Bei grimmiger Kälte waren die Scheite eine einzige Eisscholle, wenn ich sie aus dem Wasser zog. Auf diese Weise beschafften wir mit mühseliger Arbeit das Brennholz.

Weihnacht 1914, kein Ende des Krieges in Sicht: und ohne Tannenbaum. Während meiner Kindheit erinnere ich mich nur ein einziges mal an einen Lichterbaum, jedoch ohne ein Geschenk. Bereits in den Wintermonaten 1914—15 mußte eine Wohnungssuche eingeleitet werden. Der Umzug fand im April 1915 statt in die Wohnung des Lorenz Sonndorfer in Oberdiendorf.

Es war eine schäbige Behausung. In diesem, in allen Fugen ächzenden Holzbau hatten wir, ich muß es vorwegnehmen, ebenfalls nur ein Jahr eine Bleibe. Über der Stube auf dem Dachboden lagerte der Bauer ungedroschenen Kleesamen. Bei der geringsten Erschütterung rieselten uns durch die vorhandenen Ritzen Staub und Unrat auf die Köpfe. Beim holen der Kartoffeln im Keller überkam mich immer eine höllische Angst, dort hockte einmal in einer Ecke eine riesige Ratte, die mich furchterregend anglotzte. Vor Schreck stieß ich einen gellenden Schrei aus, daraufhin flüchtete das scheußliche Tier.

Der Jahrgang 1915 brachte noch allerlei Überraschungen. Ich erreichte das Alter, in dem die Kinder zu den Buß-Sakramenten vorbereitet werden. Die Eltern taten sich schwer, die nötigen Mittel für die Ausstattung aufzubringen. Es wäre gar manches zu überbrücken gewesen, der Vater jedoch sagte zu allem ein striktes „Nein." Die Mutter nahm mich eines Tages zur Seite und ging mit mir nach Thyrnau, um in Geschäften und wohlhabenden Bürgerhäusern eine Gabe zu erbitten. Als wir einige Silberlinge beisammen hatten, sprachen wir zuletzt bei meinem Religionslehrer Herrn Koperator Pleltl vor. Dieser Geistliche Herr betreute die Schule in Oberdiendorf. Als er uns an seiner Haustür entgegentrat, erfuhr er von der Mutter den Grund unseres Erscheinens und die damit verbundene Bitte. Die spontane Antwort des Geistlichen lautete: „Ich werde mich darum besorgen." Die Worte begriff ich nicht sofort, erst als sich die Mutter bedankt hatte, erklärte sie mir auf dem Heimweg deren Bedeutung. Es liegt mir fern, mich selbst zu loben, doch es mochte wohl mein Eifer und Fleiß in der Schule diese Großherzigkeit rechtfertigen. Ich muß dazu bemerken, daß ich auf Grund meiner Talente zum Studium vorgeschlagen wurde, durch die Hektik der Zeit und die ablehnende Haltung des Vaters kam diese mir zugedachte Rolle nicht zustande. Nach einigen Tagen holten wir auf Anweisung in Thyrnau den Anzugstoff. Zur Vollendung kaufte meine Schwester Anna die Zutaten zum Anzug und die Kommunion-Kerze.

Im Sommer sollte der Vater bei Sonndorfer arbeiten. Die Nichteinhaltung der Vereinbarung führte auch hier zu Meinungsverschiedenheit und Streit. Ist es da verwunderlich, wenn Hausleute sauer reagieren? Hier war die Reaktion das Gegenteil von Anetzberger. Der Starrsinn des Vaters zeitigte böse Auswirkungen. Obwohl die Mutter jedem Konflikt aus dem Wege ging, verbreiteten böse Zungen auch über sie üble Verleumdungen. Die Mutter ging ihrer Arbeit nach, sie hatte gar keine Zeit, sich mit Dorfleuten zu unterhalten. Die Unverträglichkeit des Vaters sprach sich herum, zu oft zum Nachteil der ganzen Familie. Im Herbst untersagte man uns, die auf dem Feld gepflanzten Kartoffeln zu ernten, woraufhin die Gendarmerie eingeschaltet werden mußte, die letzten Endes zu unseren Gunsten entschied. Des weiteren ist eine Wohnungsvisitation durchgeführt worden, der Vater wurde des Äpfeldiebstahl beschuldigt. Während Michael und ich eines Tages daheim waren, erschien der Bürgermeister begleitet von einem Gendarm in unserer Wohnung. Sie forderten mich auf, ihnen alles zu zeigen. Nachdem die Razzia nichts Verdächtiges zu Tage förderte, stellten sie noch einige Fragen, dann mahnte der Bürgermeister zum Gehen.

Wohl befand sich unter dem Bett ein Kistchen mit Äpfeln, vom Ausmaß wie behauptet, konnte jedoch keine Rede sein. Die Beziehungen zu den Hausleuten erlitten eine erhebliche Abkühlung, die weitere Folge davon war nach Ablauf der Jahresfrist die Räumung der Wohnung.

Im Grundhäusl, einige hundert Meter unterhalb Oberdiendorf war meine Schwester Berta bei Familie Kohl als Kindsmagd im Dienst. Viele schöne Stunden verbrachten mein Bruder und ich bei der uns gleichaltrigen Kinderschar. Die umliegenden Wiesen und Felder, der Wald und der nahe, im Tal vorbeifließende Bach mit seinem Fischreichtum ließen uns für eine Zeit lang weniger erfreuliche Stunden vergessen. Erwähnen muß ich den Sommer über bis tief in den Herbst das viele Obst, wir durften davon essen soviel wir vertragen konnten. Diese kindliche Freundschaft hat die Zeit überdauert. Heute noch, nach sechzig Jahren stehe ich in Verbindung mit den Überlebenden.

Der Krieg dehnte sich fast auf alle Länder in Europa aus. Franzosen, Russen und Serben trafen inzwischen als Kriegsgefangene in den dafür errichteten Lagern Kropfmühl und Station Schaibing ein. Für uns Buben war das eine Sensation. Wir bestaunten diese Männer, als kämen sie von einer anderen Welt. Besonders den Franzosen in ihrer bunten Uniform, rote Hosen, rote Käppis und blaue Mäntel, galt unser Hauptaugenmerk. Wiederholt, wenn es die Zeit erlaubte, liefen wir nach Schaibing, wo es immer Interessantes zu sehen gab. Die Bahnstation Schaibing bildete den Umschlageplatz von Graphit aus den Gruben von Kropfsmühle. Am allermeisten interessierte mich die fremde Sprache. Ich hatte nur den einen Wunsch, mit den Gefangenen reden zu können. Jedes aufgeschnappte Wort schrieb ich fein säuberlich auf und hütete es wie einen Schatz. Besonders stolz war ich, als ich auf französisch bis zehn zählen konnte. Daß mir dieser Eifer in späteren Jahren einmal nützlich sein sollte, davon hatte ich vorerst nicht die leiseste Ahnung. Oft mußte ich unfreiwillig daheim bleiben, Michael hing stets an meinen Fersen, für größere Streifzüge war er noch zu klein. Schulversäumnisse hoben zwar nicht mein Ansehen beim Lehrer, verursachten aber auch keinen Nachteil. Während des Krieges zeigten sich die Schulbehörden viel nachsichtiger, und überdies hatte ich das Versäumte schnell nachgeholt.

Der Klassenlehrer machte eines Tages den Vorschlag, aus Dankbarkeit für unsere tapferen Soldaten Liebes-Pakete an die Front zu schicken. Er forderte die Schüler auf, zu dieser Aktion etwas mitzubringen. Die meisten Schüler, zu denen ich zählte, hatten nichts zu geben, da vorwiegend Lebensmittel in Frage kamen. Die Einschränkungen waren schon recht spürbar und die Zukunft versprach nichts gutes. Den Hunger kannte ich zur Genüge, sollte es noch schlimmer kommen? Als in den folgenden Tagen die Bauernkinder mit allerlei Sachen in die Schule kamen, lagen auf dem Katheder unter anderem ganze Speckseiten. Staunende Blicke folgten der Frau des Lehrers, als sie im Schulzimmer erschien, die Sachen an sich nahm und damit verschwand. Die Lehrerseheleute besorgten sich die Adressen der Frontkämpfer und übernahmen den Versand der Pakete. Ob die Soldaten alles bekommen haben, darüber gab es keine Kontrolle. Mit dem Eintreffen mehrer Dankschreiben war die Spendenaktion abgeschlossen.

Inzwischen gingen die Maurerarbeiten beim Schulhausbau in Hauzenberg zu Ende. Es ergab sich, daß die Mutter bei Zimmermeister Pfoser Thyrnau, der am Schulbau beteiligt war, Arbeit fand. Als auch diese Arbeiten erledigt waren, nahm Herr Pfoser die Mutter mit sich auf eine Baustelle nach Station Schaibing. Der Vater fand dort eine Beschäftigung auf einem Sägewerk. Die Eltern gingen die Strecke Oberdiendorf, Kaindlmühle, Schaibing, entlang der Bahnlinie zu Fuß, die Fahrt mit der Bahn war zu teuer. Aufbruch bei Dunkelheit, zehn Stunden auf der Baustelle und Rückkehr bei Dunkelheit war der übliche Tagesablauf. Die Mutter kochte am Abend eine Suppe und womöglich etwas für den nächsten Tag. Einmal stellte sie eine Schale mit Reis ins Bratrohr, gedacht für uns Buben als Mittagessen. Im Laufe des Vormittags, ich wollte gerade im Ofen Feuer machen, da erschien in der Stube eine Klein-Bäuerin, die Jager-Marie genannt. Sie kannte uns gut, ich holte des öfteren bei ihr die Milch. Der Jagern Hof befindet sich in der unteren Hälfte des Dorfes. Nach einigen harmlosen Fragen erkundigte sie sich nach unserem Mittagessen. Ich zeigte zum Bratrohr. Kurz entschlossen nahm sie die Schale mit Reis, verbarg sie unter ihrer Schürze und, ohne ein Wort zu sagen, ging sie fort. Verdutzt über dieses ungewöhnliche Geschehen, sahen Michael und ich schweigend zu. Die Bäuerin brachte am Mittag schmackhaft zubereitet das Reisgericht, stellte es auf den Tisch und forderte uns auf, zu essen.

Wohl gibt es im menschlichen Leben eindrucksvollere Erlebnisse, jetzt, nach sechzig Jahren muß ich diesen Tag als einen Festtag bezeichnen. Wer dunkle Stunden erlebt und sie zu ertragen weiß, für den ist eine einzige Minute Helligkeit ein Markstein, der stets in Erinnerung bleibt. So erging es mir mit Michael. Beim Spiel mit anderen Kindern war er plötzlich verschwunden. Ich suchte nach ihm bei allen Familien im Dorf, ich suchte außerhalb des Dorfes an allen Wasserstellen, jedoch ohne eine Spur von ihm. Der Abend kam, weinend, abgehetzt und ermattet, nicht mehr fähig zu einem klaren Gedanken, schlich ich mich in die Wohnung. Ich kann die Freude nicht mit Worten schildern, die mir zuteil ward, als ich Daheim den Kleinen schlafend im Bett fand. Ohne mir etwas zu sagen, entfernte er sich unbemerkt, ging heim und legte sich schlafen. Auch dieser Nachmittag blieb unvergeßlich.

Im Spätherbst 1915 erlitt der Vater in Schaibing einen schweren Unfall. Ein schwerer Balken zerschmetterte ihm den Unterschenkelknochen des linken Beines. Fünf Stunden dauerte die Wartezeit, bis der nächste Zug von Hauzenberg kommend in der Station Schaibing einfuhr, der ihn aufnahm zur Einlieferung ins städtische Krankenhaus nach Passau. Der Unfall des Vaters war die letzte Überraschung 1915. Die Mutter und ich machten abwechselnd Besuche. Einmal mit ihr zusammen zeigte sie mir den Weg, ausgehend von der Bahnstation Passau-Innstadt zum Krankenhaus, das sich damals in der Heilig-Geist-Gasse befand. Die markantesten Punkte, die mir die Mutter zeigte, gut im Gedächtnis, wagte ich, allein in die Stadt zu fahren. Ich stieg in der Innstadt aus dem Zug, ging über die Innbrücke oder benützte die Seil-Fähre über den Inn (Preis fünf Pfennig), erreichte bald den Dom, den Paulusbogen, den Rinder- und Neumarkt und nach wenigen Schritten das Krankenhaus. So habe ich als zehnjähriger Junge die Stadt Passau in ihrer Ruhe kennengelernt. Es zeigte sich kein Hindernis auf den Straßen, es gab keinen Lärm, mein Ziel erreichte ich ohne Schwierigkeit. Diese Fahrten nach Passau steigerten mein Ansehen bei meinen Spielgefährten, denn sehr wenige Kinder sahen vor ihrer Firmung die Stadt. Ich machte meine Besuche, übergab dem Vater, was die Mutter für ihn zurecht gemacht hatte, blieb eine Weile bei ihm, machte alsbald anstalten zum Abschied und schritt den selben Weg zurück zur Bahnstation. Das, was zur

Zeit mit Lastkraftwagen befördert wird, übernahm damals mit Ausnahme der Pferdefuhrwerke die Eisenbahn.

In jenen Jahren pilgerten die meisten Leute auf Schusters Rappen in die Kreisstadt Passau. Der Bau des Schienenweges wurde 1905 vollendet. Von da ab lief die Eisenbahn Passau-Hauzenberg.

(Der Vater meines Vaters, 1799 geboren, mußte zur Aushebung (Musterung) zum Militär zu Fuß in die Niederbayerische Hauptstadt nach Landshut gehen.) Unmittelbar vor der Innstadt, beim Aufischer zog man die Schuhe an, die während des Fußmarsches auf der Schulter baumelten. Hatte einer Glück, durfte er mit einem Bauersmann, der ihn mit dem Pferdegespann einholte, das letzte Stück Weges auf dem Leiterwägerl mitfahren. Nicht bloß geschäftlich zog es die Landsleute in die Stadt, die Religiösität und gewisse Versprechen gaben Anlaß zu einer Wallfahrt nach Mariahilf. Was der Grund zu einem solchen Pilgergang mit der Mutter gewesen sein mag, weiß ich nicht mehr. Zu Fuß am Maria-Hilf-Berg angekommen, beteten wir, teils kniend, teils stehend, auf den Steinstufen, Stufe um Stufe hoch bis zur Wallfahrts-Kirche. Es sind viele Stufen und auf jeder Stufe beteten wir laut ein „Gegrüßt seist du Maria". Ob sich diese fromme Handlung positiv oder negativ auswirkte, vermag ich ebenfalls nicht zu sagen. Mag der Anlaß zu einer Wallfahrt heißen wie er will, mehr als Trost kann das Gebet nicht geben. Im Gegensatz zum Vater war die Mutter eine religiöse Frau, ich mußte des öfteren beim Rosenkranz vorbeten, wenn wir allein waren. Ob das Gebet eines Menschen bei der Allmacht Gehör findet, ist schwer zu definieren. Ich neige zur Ansicht, daß ein Resultat erst erkennbar wird, wenn sich ein Leben seinem Ende zuneigt.

Sparen hieß es auf allen Gebieten, auch das Fahrgeld wurde nicht unnötig ausgegeben. Eine Eisenbahnfahrt von Hauzenberg nach Passau Hauptbahnhof kostete 0,70 M. (in Worten: siebzig Pfennig). Für einen Hilfsarbeiter eine teure Angelegenheit. Lag es da nicht nahe, die Schuhe über die Schulter zu hängen und loszumarschieren? Hatten die Eltern in der Stadt etwas zu erledigen, was übrigens selten vorkam, kündigte uns die Mutter bereits am Vorabend an, was sie aus der Stadt mitzubringen gedachte. Morgen, pflegte sie zu sagen, bring' ich euch „a Passa Stoandl", Passauer Steinchen, das waren kleine, schön abgeschliffene Kieselsteine, die sie bei niederem Wasserstand aus dem Flußbett der Donau holte. Siehe, wir erfreuten uns über die unscheinbarsten Dinge.

Von den Automobilen meiner Jugendzeit, hier einige kurze Geschichten. Das Herannahen eines Autos machte sich durch tiefes Brummen, dazu im Sommer, durch eine riesige Staubwolke bemerkbar, besonders bei längeren Schönwetterperioden. Mit welchem Tempo sie fuhren, kann ich nicht angeben, hoch wird es nicht gewesen sein, denn liefen wir Buben hinterher, dann holten wir das Vehikel mühelos ein. Wir klammerten uns an das hinten angebrachte Gestänge und fuhren eine beliebige Strecke mit. Die Insassen störte das nicht, sie nahmen davon keine Notiz.

Nur im Sommer war es möglich, auf unseren Landstraßen Auto zu fahren und es vergingen oft Tage, bis man in unserer Gegend eines zu Gesicht bekam. Die steile Auffahrt Fürsetzing—Hauzenberg verhalf uns Buben manchmal zu einem kleinen Verdienst. Den nahen Umweg über Garham nicht beachtend, blieb beinahe jedes Auto am Berg auf halber Höhe hängen. Im Bemühen, den Rest des Berges zu bezwingen, gerieten sie, bei dem ohnehin schlechten Straßenzustand, im dauernden Hin- und Zurückmanövrieren, in den Straßengraben. Darauf haben wir gewartet, denn wir Buben waren längst zur Stelle und beachteten aufmerksam jede Kleinigkeit. In der Ratlosigkeit der Autler sahen wir unsere Chance. Der Pferdekutscher vom Gasthof Koller in Hauzenberg war schnell verständigt, seine Rösser schleppten das Auto wie ein Spielzeug über die letzte Hürde. Für diesen erwiesenen Dienst bekamen wir als Belohnung ein Zehn-Pfennig-Stück, manchmal sogar zwei. Gelegenheiten solcher Art wurden stets wahrgenommen. Eine Beschreibung der alten Autos will ich nicht geben, in den Museen stehen sie zur Schau. Als 1914 die Straße Steinberg—Fürsetzing—Hauzenberg umgangen worden war, verlor die Route über Fürsetzing an Bedeutung. Während die Autos mit der Kurbel in Gang gebracht werden mußten, mußte ein Motorradfahrer mit dem Rad eine gewisse Strecke laufen und sich dann mit einem Satz in den Sattel schwingen. Wie gerne hätten wir ein Fahrrad gemocht. Ein Stimmungsbild im Schreibkalender „Lahrer hinkender Bote" vom ersten Weltkrieg 1914, als Deutschland noch über die afrikanischen Kolonien verfügte, erregte besonders meine Gefühle. Das Bild zeigte eine Gruppe Negerknaben, jeder mit einem blitzenden Fahrrad, darunter stand zu lesen:

„Jung-Togo radelt überaus gern."

Und Jung-Deutschland damals? Kommentar überflüssig.

Eine weitere Einnahmequelle bot sich an Jahrmärkten in Hauzenberg. Die Karussells hatten keinen mechanischen Antrieb, die Besitzer heuerten uns an als Karussell-Schieber, nach drei Touren gab es eine Freifahrt. Auf diese Weise erkauften wir uns auf dem Rummelplatz unser Vergnügen. Am Nachmittag, wenn die Verkäufer die Stände abräumten und die Kisten zum Abtransport bereitstanden, luden wir das Zeug auf Schubkarren und fuhren die eingepackten Waren zum Bahnhof. Dieser Transport-Dienst warf ebenfalls einige Groschen ab, fanden wir dazu auf dem Marktplatz noch etliche kleine Münzen, dann schritten wir am Abend hochbeglückt nach Hause. Botengänge aller Art verrichtete man gerne, wollte man ein kleines Taschengeld, durfte keine Gelegenheit versäumt werden. Im Gegensatz von Heute flogen uns die gebratenen Tauben nicht in den Mund.

Daheim half ich der Mutter, so gut ich es vermochte. Machten wir einmal keinen Besuch, nutzten wir den Sonntag und holten Brennholz. Wir sammelten auf der gegenüberliegenden Seite des Staffelbaches eine Bürde Astholz. Die Mutter, mit der schweren Last auf dem Kopf, blieb stehen und zu mir gewandt, sagte sie:

„Maxl, merk dir diesen Tag."

Es war ein außergewöhnlicher Tag, der es erlaubte statt über die Eisenbahnbrücke zu gehen oder einen beschwerlichen Umweg über Neumühle zu machen, barfuß durch das derzeit noch warme Wasser zu waten. Führwahr, solch einen Tag habe ich nie mehr erlebt.

Trotz Verbot liefen wir Buben, wenn wir in Haag Brot holten, immer wieder den Bahndamm entlang, bis uns einmal beinahe mitten auf der Brücke aus einem Einschnitt kommend ein Zug entgegendonnerte. Wir liefen was die Beine hergaben und erreichten rechtzeitig eine Ausweichstelle am Geländer. Die Trittbretter der Wagen sausten gefährlich nahe an uns vorbei. Wir hingen am Geländer wie zwischen Himmel und Erde, denn zehn Meter unter uns rauschte der Staffelbach. Außer der Drohung des Lokführers mit der Faust blieb dieser Leichtsinn ohne weitere Folgen.

Mit Widerwillen und nicht ohne Verlegenheit muß ich, meinem Vorsatz gemäß, auch folgendes niederschreiben. Lieber Leser, fälle du ein Urteil über meine Mutter, wenn sie bei Frost und Kälte in Anbetracht des Brennholzmangels in dunklen Nächten über die Dorfstraße huschte und nebenan bei einem Bauern vom Stapel in ihrer Schürze einige Holzscheite wegtrug. In Not geratene Familien erhielten nur im äußersten Fall eine Unterstützung. Es bedarf einer genaueren Erläuterung, um die Struktur der damaligen Armenhilfe verstehen zu können. Unterstützungsbedürftige Familien sowie alleinstehende Personen waren nur in ihrer Heimatgemeinde zuständig, wenn der Aufenthalt in einer anderen nicht über sieben Jahre hindurch dauerte. Uns war es nur möglich, in der Gemeinde Wotzdorf Unterstützung zu beantragen. Nicht ein Antrag im heutigen Sinn war es, (man benötigte kein Formular) sondern ein Ansuchen, eine Bitte, man kann es eine Bettelei nennen. In allergrößter Not entschloß sich eine Familie zu diesem Schritt, denn gar zu oft mußten die Kinder solcher Eltern die als Schmach angesehene Bitte zum Spott zur Kenntnis nehmen.

Um die Gemeinde nicht zu belasten, versuchte man mit allen Mitteln arme Leute fern zu halten. Die monatliche Zuweisung betrug 8.– M. (in Worten: acht Mark) für vier Personen. Ich selbst holte einmal das Geld in der Gemeindekanzlei Wotzdorf. Die Hö-

Der Vater 1916 in der
Klinik München

he der Unterstützung bestimmte einzig und allein der Gemeinderat, in welchen auch an vielen Orten die Geistlichkeit vertreten war. Das, was über den Beschluß hinausging, war der Bettelstab. Im weiteren will ich dieses Thema noch einmal aufgreifen.

Lieber Leser, an dieser Stelle scheint mir, als Zwischenbemerkung gedacht, eine kleine sinnliche Betrachtung notwendig zu sein. Bisher habe ich zum großen Teil von der Zeit vor dem ersten Weltkrieg berichtet. Nun, macht man einen Sprung in die Gegenwart, wird wohl der verstockteste eine empfindliche Änderung wahrnehmen müssen. Ich möchte nicht so sehr vom eigentlichen Thema abweichen, aber die jetzige Generation und besonders die junge soll wissen, daß die zur Zeit bestehenden sozialen Einrichtungen zum großen Teil durch uneigennützigen Einsatz der Arbeiter erkämpft werden mußten. Viele Menschen in der gegenwärtigen Wohlstands-Gesellschaft wissen nicht, oder haben vergessen, das Brot zu schätzen. Was an Waren in der heutigen Zeit über die Mülltonnen zum Schuttplatz wandert, davor hätten wir Kinder uns vor Ehrfurcht verneigt. Recht und schlecht verbrachten wir die Wintermonate 1915—16. Die dringlichste Aufgabe der Mutter war, eine andere Wohnung ausfindig zu machen. Das Ziel war Berbing. Im April 1916 zogen wir in das Haus, in dem wir 1912 wohnten, Besitzer war Andreas Donaubauer. Da sich der Vater immer noch im Krankenhaus befand, trafen die Mutter und ich die Vorbereitungen zum Umzug. Mittels Ochsengespann beförderten wir unsere bescheidene Habe nach Berbing. Der Fuhrmann, an dessen Name ich mich nicht mehr erinnere, half die wenigen Sachen auf- und abladen. Danach durfte der Vater für kurze Zeit zu uns. Auf ein Verschmelzen der beiden Knochenenden bestand nach langer Behandlung keine Hoffnung mehr, deshalb auch auf absehbare Zeit keine Heilung. Um wieder gehfähig zu werden, mußte er in die chirurgische Klinik nach München. Die Anfertigung und später Gebrauch eines Schienen-Hülsen-Apparates brachte die ersten Geherfolge. Er stand im 56. Lebensjahr und blieb zeitlebens Invalide. Schier unüberwindliche Probleme ka-

keit vertreten war. Das was über den Beschluß hinausging war der Bettelstab. Im weiteren will ich dieses Thema noch einmal aufgreifen.

Lieber Leser, an dieser Stelle scheint mir, als Zwischenbemerkung gedacht, eine kleine sinnliche Betrachtung notwendig zu sein. Bisher habe ich zum großen Teil von der Zeit vor dem ersten Weltkrieg und während des Krieges berichtet. Nun, macht man einen Sprung in die Gegenwart wird wohl der verstockteste eine empfindliche Änderung wahrnehmen müssen. Ich möchte nicht so sehr vom eigentlichen Thema abweichen aber, die jetzige Generation und besonders die junge soll wissen daß die zur Zeit bestehenden sozialen Einrichtungen zum großen Teil durch uneigennützigen Einsatz der Arbeiter erkämpft werden mußten. Viele Menschen in der gegenwärtigen Wohlstands — Gesellschaft wissen nicht, oder haben vergessen, das Brot zu schätzen. Was an Waren in der heutigen Zeit über die Mülltonnen zum Schuttplatz wandert, davor hätten wir Kinder uns vor Ehrfurcht verneigt.

Recht und schlecht verbrachten wir die Wintermonate 1915—16 Die dringlichste Aufgabe der Mutter war, eine andere Wohnung ausfindig zu machen. Das Ziel war Berbing. Im April 1916 zogen wir in das Haus in dem wir 1912 wohnten, Besitzer war Andreas Donaubauer. Da sich der Vater immer noch im Krankenhaus befand, trafen die Mutter und ich die Vorbereitungen zum Umzug. Mittels Ochsengespann beförderten wir unsere bescheidene Habe nach Berbing. Der Fuhrmann, an dessen Name ich mich nicht mehr erinnere, half die wenigen Sachen auf und abladen. Danach durfte der Vater für kurze Zeit zu uns. Auf ein Verschmelzen der beiden Knochenenden bestand nach langer Behandlung keine Hoffnung mehr, deshalb auch auf absehbare Zeit keine Heilung. Um wieder gehfähig zu werden mußte er in die chirurgische Klinik nach München. Die Anfertigung und spätere Gebrauch eines Schienen-Hülsen-Apparates brachte die ersten Geherfolge. Er men auf uns zu, sodaß es mir schwer gelingt, alles in Reihenfolge geordnet aufzuzeichnen. Die Mutter mußte einen Fußmarsch von Berbing nach Schaibing bewältigen, der jede Vorstellung übertrifft. Eine derartige Zumutung würde man im technischen Zeitalter als Wahnsinn bezeichnen. Diese Wanderung, Berbing—Wotzdorf—Oberdiendorf—Kaindlmühle—Schaibing täglich hin und zurück, dazu zehn Stunden Arbeit, würde gar manchem Wohlstands-Bürger gut bekommen. Kaum daß, wenn sie von Regen durchnäßt spät nach Hause kam, in den kurzen Nachtstunden ihre Kleider trockneten. Da Brennholz immer knapp war, sammelte die Mutter mit Erlaubnis des Baumeisters auf der Baustelle Holzabschnitte und schickte sie nach Hauzenberg. Bei Ankunft des Zuges stand ich bereit mit der Schubkarre und fuhr den beinahe zwei Zentner schweren, mit Holz gefüllten Jutesack nach Berbing.

In Gießübl, eine kleine Ortschaft in der Gemeinde Raßreuth, diente unsere Anna als Magd beim Bauern Krenn. Ich mußte zweimal in der Woche dort die Milch holen. Bei meiner Ankunft gab mir die Bäuerin jedesmal den Rest des Mittagessens, sie war väterlicherseits zu uns verwandt. Bevor ich den Heimweg antrat, half ich auf dem Hof bei irgend einer Arbeit mit. Als ich an einem Nachmittag wieder einmal gebraucht wurde, war die Heuernte in vollem Gange. Die Bäuerin machte ein Ochsengespann fertig und schickte mich mit einem leeren Heuwagen zu einer am Waldrand gelegenen Wiese. Sofort begann man mit Aufladen. Ich stand vor den Tieren und fuhr langsam entlang der Heuzeile. Es war ein heißer Junitag, Bremsen und Fliegen hingen wie Trauben an den Tieren. Plötzlich, ich wußte nicht wie, befreite sich ein Ochse vom Joch und preschte, um die lästigen Blutsauger abzustreifen, durchs Gebüsch in den nahen Wald. Während ich den einen Ochsen bewachte, machten die übrigen Leute Jagd auf den Ausreißer. Es dauerte eine geraume Weile bis die Arbeit wieder aufgenommen werden konnte. Die Bäuerin machte beim Einspannen einen Fehler und ich insofern einen, weil ich nicht genügend aufgepaßt habe. Getadelt hat mich deswegen niemand.

Oft überdrüssig, nach Schulschluß die Milch zu holen, verwirklichte ich einen raffiniert ausgeklügelten Plan. Eines Morgens schob ich den Schulranzen unter die Stiege in ein dunkles Loch, spähte an der Haustür nach allen Seiten, lief dann durch eine enge

Schwester Anna

Häuserschlucht zur Rückseite des Dorfes, gelangte von dort in den nahen Wald und als ich mich sicher fühlte, schlenderte ich gemächlich nach Gießübl. Den ganzen Tag hielt ich mich dort auf. Ohne daß jemand etwas merkte, kam ich, nachdem ich ungesehen den Ranzen aus dem Versteck hervorgeholt hatte, als artiger Schüler nach Hause. Niemand erfuhr das geringste von diesem gefährlichen Lausbubenstreich. Ich hütete mich wohlweislich davon zu erzählen getraute mir aber auch nicht mehr ihn ein zweites Mal zu wiederholen. Zu weiteren Streichen blieb nicht viel Zeit, nach der Schule gab es genug zu tun, obendrein war es mein Bruder, auf den ich zu achten hatte.

Froh darüber als Anna nicht mehr in Gießübl war, meine Milchgänge dorthin waren zu Ende. Fortan holte ich die Milch in Steinhofmühle. Dieser alleinstehende Bauernhof zwischen Notau und Wotzdorf hat keine Wegverbindung mit Berbing. Um nach dorthin zu gelangen, führte über Wiesen und Felder ein schlecht erkennbarer Gehsteig zur inzwischen verfallenen Berbingermühle am Thießenbächlein. Jenseits des Bächleins führt ein schmaler Pfad entlang an einem Waldhang, bis man nach einigen hundert Metern auf die Felder des erwähnten Hofes stößt. Im Sommer eine romantische Wanderung, im Winter dagegen bei tiefem Schnee ein mühevolles Durchkommen. Mit unzureichender Kleidung und schlechtem Schuhwerk stapfte ich durch die mir oft bis ans Gesäß reichenden Schneemassen. Das ganze Bemühen überschattete die Sorge um meinen Bruder. Jedesmall wenn ich diesen Gang vor mir hatte, mußte ich meine ganze Redekunst aufbieten, daß er während meiner Abwesenheit Daheim blieb, ihn mitnehmen war unmöglich. Bei Nachbarsleuten wollte er nicht bleiben. Ich konnte nichts anderes tun, als ihn in der Wohnung einzusperren. Bedacht darauf, daß im Ofen kein Feuer brannte, Zündhölzer und sonstige gefährliche Gegenstände sich außer Reichweite befanden, redete ich ihm gut zu, gab ihm alles selbstgebastelte Spielzeug und immer wieder mahnend, er solle ruhig und brav sein, schloß ich die Wohnungstür ab und machte mich auf den Weg. Wie gehetzt lief ich das erste Mal, um bald wieder da zu sein. Doch freudig und vergnügt saß er bei der Rückkehr neben den Spielsachen. Was ich schier für unmöglich gehalten habe, ist mir Dank meines guten Zuredens gelungen. Ich trieb jedoch keinen Mißbrauch, dafür hätte er mir Leid getan, nur wenn ich ihn für kurze Zeit nicht unbedingt mitnehmen konnte, schloß ich ihn zu Hause ein. In den Jahren unseres Beisammenseins vertrugen wir uns immer friedlich, nur ein einziges Mal vergaß ich mich und verabreichte ihm eine Backpfeife. Den Grund zu dieser unüberlegten Tat weiß ich nicht mehr. Mitleid und tiefe Reue empfand ich sofort nach der bösen Handlung, die ich nicht mehr ungeschehen machen konnte. Solches oder ähnliches ist im Laufe der Zeit nie wieder vorgekommen.

Wie alles in den Kriegsjahren, war erst recht die Beleuchtung beklagenswert. Solange am Abend kein Licht gebraucht wurde, blieb man im Dunkeln. Elektrizität auf dem Lande war unbekannt. Die Stube, erhellt von einem kleinen Lichtstrahl aus dem Zugloch des Ofentürchens, so warteten wir, bis der Vater das Anzünden der Petroleumlampe erlaubte. Benötigte die Mutter zu irgendeiner Arbeit Licht, ist zu unserer Freude eine Ausnahme gemacht worden. Stand dann endlich die Abendsuppe auf dem Tisch, zauberte das kleine Mauerlämpchen an der Wand einen matten Schein auf unsere bleichen Gesichter. Die in Ehren aufbewahrten Kommunion-Kerzen ließ man vor abergläubischer Furcht lange Zeit unberührt, bis auch sie als profane Lichtspender verwendet wurden. Als Beleuchtung waren auch Karbidlampen häufig im Gebrauch, diese gab es in allen möglichen Ausführungen. Bei nicht sorgfältiger Behandlung konnte es vorkommen, daß Abends überhaupt kein Licht vorhanden war, entweder saß auf dem Brenner ein perlkopfgroßes Flämmchen oder es zischte eine hohe Stichflamme gegen die Zimmerdecke. Darüber hinaus entstand ein übler Gasgeruch mit Explosionsgefahr. Die großen Grubenlampen im Bergbau boten mehr Sicherheit, waren jedoch im öffentlichen Handel nicht erhältlich. Erdöl zählte zur Mangelware, es kam aus dem, von Deutschen besetzten Raum Rumäniens. Es war von so schlechter Qualität, daß es im Zylinder mehr Ruß als Licht erzeugte. Die Kriegsjahre lasteten immer schwerer auf jedem einzelnen. Wenn Bescheidenheit eine Zier sein soll, kann nur die freiwillig auf sich genommene eine Zier sein, die diesen Namen verdient, keineswegs die aufgezwungene. Man kann darüber argumentieren, ich vertrete diesen Standpunkt.

Nach Auflösung der Baustelle in Schaibing folgten Bauten in Kropfmühl Die neue Marschroute Berbing—Hauzenberg—Eben—Jahrdorf—Kropfmühl war jetzt der Mutter zugedacht worden. Wiederholt sagte sie: Die Hauptsache, ich habe es bis Hauzenberg geschafft, von dort gehen mehrere Arbeiter nach Kropfmühl. Was war damit gemeint?? Nun, ich muß es erklären. Es soll bedeuten, wenn am frühen Morgen im Winter Straßen und Wege verschneit und nirgends, weder eine menschliche noch Schlitten-oder Radspur sichtbar war. Eine Räumung der Fahrbahnen von seiten der Behörden ließ lange auf sich warten. In schlimmsten Fällen mußten Hausbesitzer in ihrer Gemeinde Räumdienste leisten. Von Dorf zu Dorf trieben die Bauern etliche Paar Ochsen, die einigermaßen gangbare Fährten auf den dichtverwehten Wegen trampelten. Kleinere Orte blieben oft einige Tage völlig eingeschneit, die Schulkinder blieben Daheim, man war genügsam, wo eine Kuh oder einige Ziegen im Stall standen, fehlte es an nichts, im Keller lagerten Erdäpfel und Kraut. So war es von Altersher, so blieb es bis zum Zeitalter des Kraftwagens.

Als in den Kriegsjahren 1914—18 mit Hilfe von Armierungs-Truppen in Danglmühle bei Hauzenberg eine Anlage zur Stromerzeugung errichtet worden war, fand die Mutter eine Beschäftigung am Bahnhof in Hauzenberg. Das Ausladen von Kohlen aus den Waggons und der Transport derselben mittels Feldloren zum Kesselhaus war für Frauen eine schwere und unsaubere Arbeit. Die Mutter nahm sie gerne auf sich, weil dieser Arbeitsplatz den Weg um mehr als die Hälfte verkürzte. Die Dampfkessel im Maschinenraum stammten aus dem westlichen Besatzungsgebiet. Nach dem verlorenen Krieg mußte das Beutegut zurückgegeben werden. Ich war sehr oft bei der Mutter am Bahnhof und machte dort viele Beobachtungen.

Die riesigen Dampfkessel im Maschinenraum interessierten mich am meisten.

Die Sorge um das Heizmaterial blieb akut. An einem Nachmittag im Spätherbst 1916 erschienen in Berbing zwei mit Buchenholz beladene Pferdefuhrwerke. Die Kutscher erkundigten sich nach unserer Wohnung. Ich war schnell zur Stelle und wies ihnen einen Abladeplatz an. Die Männer entluden ihre Fahrzeuge, dann fuhren sie, ohne sich weiter umzusehen, unverzüglich ab. Durch die Reihen der Dorfbewohner ging ein Raunen als sei dies, nach ihrer Meinung, nicht mit rechten Dingen geschehen, weil kein Arbeiter in der Lage war einen derartigen Posten zu bezahlen. Einfache Leute hatten bei niemandem Kredit. Die Mutter konnte das Holz nicht bestellt haben, es mußte einen edlen Spender geben, vielleicht könnte es Baumeister Pfoser gewesen sein, behaupten kann ich es nicht. Mich kümmerte das wenig, meine Aufgabe war, die meterlangen Buchenscheite aufzuschichten und womöglich unter Dach zu bringen. Frieren mußten wir in diesem Winter nicht. Der Vater durfte inzwischen zu uns, er konnte mit dem angefertigten Apparat einigermaßen gehen. Durch seine Anwesenheit war ich von der Aufsicht über Michael teilweise befreit.

Der Krieg verschlang alles und verschlechterte die Lebenslage immer mehr. Die meisten Verbrauchsgüter waren nur mehr minderwertiger Ersatz. Jeder Bezirk verteilte seine eigenen Lebensmittelmarken, dadurch waren die Leute auf dem Lande sehr im Nachteil. Hauzenberg im Kreis Wegscheid gelegen, nahm keine Marken vom Kreis Passau. Und weil es auf dem Lande so gut wie keine Geschäfte gab, mußten die zum Kreis Passau gehörigen Einwohner ihre Einkäufe in Thyrnau betätigen. Beim Nichtvorhandensein der gewünschten Ware, auch das passierte sehr oft, trabte man die zehn Kilometer mit leerer Tasche wieder Heim. Die Blüten des heiligen Bürokratius riechen oftmals bitter.

Daß gute Freunde bzw. Freundinnen vom Kaufmann ritterlicher und bevorzugt bedient wurden, schildere ich hier als selbsterlebten Fall im Metzgerladen in Hauzenberg. In einer Metzgerei gab es nach längerer Pause wieder einmal Schweinefleisch. Wie immer in solchen Ausnahmefällen standen die Menschen dichtgedrängt im Fleischerladen. Ich hatte mich bereits bis an die vorderste Reihe herangeschoben und verfolgte mit bangen Blicken den immer kleiner werdenden Fleischvorrat. Mit Staunen, ja fast mit Entsetzen vernahmen wir die Stimme des Meisters, als er den Namen Marie in die Menge rief und wir zusahen, wie er in die von hinten vorgestreckte Frauenhand ein Pfund Schweinefleisch legte. In wenigen Minuten war der Traum vom Schweinebraten ausgeträumt. Die zu kurz gekommenen, zu denen ich gehörte, gingen brav nach Hause.

Anmerkung: Hauzenberg schlachtete auch für den Kreis Passau, aber, um ein Stück Fleisch zu erhaschen, brauchte man Glück und Beziehungen.

Das Jahr 1916 stand im Zeichen meiner Firmung. Für die dabei vorgekommenen Ereignisse will ich nicht gerade den Krieg verantwortlich machen. Der Ablauf dieses, für Kinder ein Fest der Freude, wäre in Friedensjahren nicht viel anders gewesen. Die Frage nach einem Paten war schnell gelöst. Eingeschrieben wurde der Bruder meiner Mutter, Josef, in Amerika. Daß man ihn zu meinem Firmpaten deklarierte, hat er nie erfahren. Die Mutter fuhr mit mir nach Passau.

Ludwig Schmöller von Berbing begleitete seinen Bruder Franz zu diesem heiligen Akt. Die Mutter bat Ludwig, er möge mich mit Franz zum hochw. Herrn Bischof führen. Ludwig zeigte sich sofort bereit, ihrer Bitte nachzukommen. Was gab es da nach der Firmung alles zu sehen. Firmlinge, begleitet von wohlhabenden Paten, angetan mit neuen Anzügen, beschenkt mit allen Dingen, die der Brauch forderte. Wieder einmal übersah mich Frau Fortuna, ich stand abseits in meiner schäbigen Kleidung. Um nicht barfuß oder in Holzschuhen zur Firmung gehen zu müssen, überbrachte mir meine Schwester Berta am Vorabend vor dem Fest ihre Sonntagsschuhe. Während eines kurzen Aufenthalts in einer kleinen, im Domgäßchen gelegenen Kaffee-Stube (zur Regensburgerin) verzehrten wir nebst einem Teller Suppe unser aus Kartoffelmehl selbstgebackenes Brot. Hierauf fuhren wir mit dem nächsten Zug nach Hause. Den Geist habe ich empfangen, ob guter oder böser, es wird sich zeigen, der Belzebub besitzt ungeheure Macht.

Nun, laßt mich in meinen Erinnerungen weiterschreiben. Um sich zum Guten durchzuringen, benötigt der Mensch sehr viel Energie. Wenn schon nicht mit irdischen Gütern gesegnet, ein „klarer Geist" stand mir zur Seite in allen meinen Lebenslagen. In jungen Jahren mußte ich hinaus in die Welt und auf mich selbst angewiesen, unter fremden Leuten meinen Lebensunterhalt verdienen. Hilfe hatte ich von niemandem zu erwarten. Gedeih oder Verderb, die Entscheidung lag einzig und allein bei mir. Nie schielte ich mit Neid auf den Besitz meiner Mitmenschen, jetzt nach siebzig Jahren darf ich sagen, daß mich mein Dämon, im großen gesehen, auf gerade aber rauhe Pfade durchs Leben führte. Ich werde bald mehr darüber zu berichten haben. Es ist bedauerlich, daß Menschen denen Not und Entbehrung vorgehalten wird, nicht wahrnehmen, wieviele keine Not kennen und im Überfluß schwelgen.

Der Winter 1916—17 ging zu Ende. Mehr und mehr gewöhnte sich der Vater an seinen Gehapparat. Der alle Jahre wiederkehren-

Oberkümmering 1917-21

de Wohnungswechsel blieb uns auch 1917 nicht erspart. Der Umzug nach der neuen Wohnung zum Kleinbauern Franz Sexlinger in Oberkümmering fand statt im April 1917.

Die Wohnung in Oberkümmering war nicht viel besser als die vorherigen. Eine Wohnstube, eine Schlafkammer und ein Dachboden standen uns zur Verfügung. Die Miete kann ich nicht angeben, allzu hoch wird sie nicht gewesen sein. Die Eheleute Sexlinger besaßen eine kleine Landwirtschaft, eine Mithilfe ist von ihnen nicht verlangt worden. Trotzdem halfen Vater und ich im Sommer bei verschiedenen Arbeiten.

Im Mai 1917 rückte ich auf in die siebente Schulklasse. Schon am ersten Tag meines Erscheinens in der Schule Wolkar empfing mich Herr Lehrer Josef Geiger, auf Grund meiner Schulversäumnisse, mit einer gesalzenen Strafpredigt. Der Anlaß dazu wird wahrscheinlich das Begleitschreiben von meinem früheren Klassenlehrer A.R. in Hauzenberg gewesen sein. Nicht lange dauerte der scheinbare Gegensatz zwischen meinem Vorgesetzen und mir. Mein Eifer und Fleiß stimmten ihn sofort versöhnlicher, so daß nach kurzer Zeit ein harmonisches Verhältnis zustande kam. Wir sind im Laufe der vier Jahre, dank seiner Einwirkung auf mich, gute Freunde geworden. Und als ich bei Gartenarbeiten eine Kreuzotter identifizierte, war das Eis endgültig gebrochen. Sein Wunsch war, mich auf Empfehlung nach der Schulzeit als Schiffsjunge bei der deutschen Marine unterzubringen. Ich ging darüber hinweg, ich habe mir mit meinen sechsundsiebzig Jahren nichts vorzuwerfen, ob das oder jenes durch mein zutun unterblieb. Ein Rückblick auf eine gescheiterte Existenz ist, meines Erachtens, weniger wert, als ein mit eigener Anstrengung erworbenes Gut, das eine auskömmliche Altersversorgung gewährleistet.

Lassen wir dem Schicksal seinen Lauf.

Die vordringlichste Arbeit war wiederum das Einholen von Brennholz. Soweit es der Vater vermochte, ging er in den nahen Wald wo er sich, wenn es die Zeit erlaubte, die Zerkleinerung der Baumstümpfe und Wurzeln vornahm. Holzfrevel beging er nie, sein Bereich beschränkte sich auf abgestandenes Abfallholz. Sobald ich von der Schule nach Hause kam, stand die Schubkarre bereit, denn meine Aufgabe war es, das Holz auf derselben heimzuschaffen. Dabei nahm er keine Rücksicht, er packte die Karre derart voll, daß mir oft schon nach wenigen Schritten der Atem stockte und ich beinahe am Zusammenbrechen war. Ich hatte zwar eine stattliche Größe, als hochaufgeschossenes Bürschchen, jedoch keine Kraft. Wer an einem schlechten Futtertrog steht, kann mit der Kraft nicht protzen. Lieber Leser, verfalle ja nicht in den Irrtum, ich wäre eine Ausnahme gewesen, nein mein Lieber, so wie mir erging es unzähligen Familien mit ihren Kindern, wenn nicht noch schlimmer. Bei vielen Kindern hielten sich die Prügel mit den Brotbrocken in der Suppe die Waage. Wie in der Schule beim geringsten Vergehen die Stockhiebe auf uns niederprasselten, so empfing man sie auch zu Hause. Davon wird noch die Rede sein.

Die Mutter ging geduldig ihrer Arbeit nach. Von Oberkümmering mußte sie wiederum einen längeren Marsch in Kauf nehmen.

Mochten noch so große Belastungen auf sie zukommen, eine Klage von ihr habe ich nie vernommen. Sie erzählte zu Hause von den Ereignissen des arbeitsreichen Tages und dabei blieb es. Etliche Kohlenstücke, die sie in ihrer Handtasche heimtrug, gaben beinahe Anlaß zu Repressalien, böse Zungen verbreiteten übertriebene Behauptungen.

Meine Schwester Anna diente als Magd bei Otto Kinateder (Maurer) Oberkümmering. Am Dorfkreuz gegenüber des Bauernhauses versammelten sich nach Feierabend die Dorfbewohner zum gemeinsamen Gebet, dabei durften selbstverständlich die Kinder nicht fehlen. Ein kurzer Aufenthalt bei den übrigen Dorfbuben wurde mir nach der Andacht zum Verhängnis. Mein Bruder wollte mich nach Hause haben, weil ich nicht sofort mit ihm ging, lief er Heim. Es war noch hell am Abend, ich befand mich mit mehreren Kindern etwa dreißig Schritte von unserer Wohnung entfernt, am Dorfanger. Als ich nach einigen Minuten Verspätung eintraf, erwartete mich bereits der Vater mit seinem eichenen Hackelstecken an der Wohnungstür. Eh ich mich versah, packte er mich beim Rockkragen und verabreichte mir eine Tracht Prügel auf den Hintern. Der Marsch ins Bett brauchte nicht mehr geblasen werden, ohne daß ich am selben Abend noch die Wohnstube betrat, stieg ich über die Außentreppe auf den Dachboden zu meiner Schlafstätte. Die Mutter kam zu mir, unter ihren tröstenden Worten schlief ich ein. Beileibe durfte es nicht vorkommen nach solchem oder ähnlichem Geschehen am anderen Tag ein schiefes Gesicht zu ziehen oder zu bocken, im Gegenteil, man hatte sich zu benehmen, als sei nichts gewesen und das schmerzte mehr als die vorangegangene Züchtigung. In vielen Wohnungen befand sich unterm Deckenbalken eine Birkenrute, ein Schlagstock oder ein gedrehter Strick, aber auch ein Riemen tat das Seine. All dies nicht für die Hunde, sondern für die braven bösen Buben.

In der Landwirtschaft ersetzten die fehlenden Arbeitskräfte zum großen Teil die Kriegsgefangenen. In Frage kamen, Franzosen, Russen, Polen und Serben. Im Hause Kinateder ein Franzose im Hause Hirsch (Lockinger) ein Pole. Als der Pole Johann von meiner Züchtigung erfuhr, sagte er in seinem gebrochenen Deutsch: „Ihm schlagen." Damit meinte er den Vater. Im Austragshäusl Hirsch versammelten sich an Sonn- und Feiertagen die Russen von der näheren Umgebung. Ich hielt mich gerne bei ihnen auf und schaute zu, wenn sie beim Kartenspiel 17 + 4 in ihrem Element waren. Auch sie konnten mich gut leiden, ich lernte jedesmal einige Wörter ihrer Sprache, das machte mir besonders Spaß. Noch wußte ich nicht, daß ich in Kürze mit zwei russischen Kriegsgefangenen in einer Knechtekammer schlafen sollte. Die Franzosen taten sich ebenfalls zusammen, wobei sie von den reichhaltigen Lebensmittelsendungen aus ihrer Heimat allerlei Speisen kochten. Wegen ihrem Nationalstolz hielten sie sich mehr oder weniger auf Distanz, (ausgenommen bei den Weibern, wie sollte es auch anders sein).

Obwohl im Krieg gegen Deutschland verbündet, sah man Franzosen und Russen kameradschaftlich nie beisammen. Gentlemänner (Engländer) sah man nicht.

Während der Sommerferien 1917 nahm mich meine Schwester Berta an einem Sonntagnachmittag mit sich nach Kollersberg, wo sie beim Bauern Ritzer als Magd diente. Ich war als Hirtejunge zum weiden einer Herde Jungvieh vorgesehen. Auf den schmalen abgeernteten Grundstücken hatte ich es schwer, die Rinder zu halten. Ein wenig Zeitlang und die plötzliche Umstellung nicht gewohnt, stimmte mich nachdenklich. Die Stallarbeit am frühen Morgen, sowie das Mithelfen beim Einbringen des Grünfutters für die Kühe, konnte mich ebensowenig begeistern wie die teilweise einsamen Nächte in der Knechtekammer. Ein junger Knecht ließ mich, wenn er Abends ausging, mit meinen Ängsten allein. Nach drei Tagen Überlegung hatte ich einen Fluchtplan parat. Neben dem Stallgebäude führte eine Tür in den Obstgarten. Durch diese verschwand ich bei Dunkelheit am frühen Morgen des vierten Tages, huschte im Schutz der Bäume ins freie Gelände und lief, als wäre die wilde Jagd hinter mir nach Hauzenberg. Das Ziel war der Bahnhof zur Mutter. Über meinen Morgenbesuch überrascht, hörte sie mir zu, was ich zu sagen hatte. Nun, was mich bedrückte, war schnell erzählt. Nach einer Weile freundlichen zuredens mahnte sie, ich solle heimgehen nach Oberkümmering. Ich dagegen wollte bis Feierabend bleiben, um dem Vater nicht allein gegenübertreten zu müssen. Sie konnte mich schließlich doch zum Heimgang bewegen, vielleicht wollte sie nicht mitansehen, was der Vater mit mir macht. Die Mutter durfte sich ein Dazwischentreten sowieso nicht erlauben, wenn er in Wut geriet. Wie lange dieser Heimweg dauerte, weiß ich nicht mehr. Bei der Überlegung, was im Falle einer Rückkehr nach Kollersberg geschehen soll, kam ich zu keinem Resultat. Mir war nicht wohl in meiner Haut und auf alles gefaßt, nur nicht auf das, was wirklich geschah. Außer einer gewissen Entfremdung geschah überhaupt nichts. Alles was mir meine Phantasie vorgaukelte, blieb aus.

Schüchtern stand ich vor dem Vater, er nahm kaum Notiz von mir, ich war wieder da und durfte bleiben. Nur einige Nachbarsleute wetzten sich die Schnäbel und meinten: Aus dem wird nichts gescheites. Freudig zeigte sich die Mutter, als sie uns am Abend in der Wohnung friedlich beisammen antraf. Eigenartig erschien es mir, daß meine Flucht mit keiner einzigen Silbe zur Sprache kam, ich selbst hütete mich darüber zu reden, so schien es als würde Gras darüber wachsen. Oder doch nicht?
Zunächst, das Weglaufen vom Anwesen Ritzer mußte das Motto einer tiefer gelagerten Schicht gewesen sein. Man soll Mensch und Tier miteinander nicht vergleichen, von Tieren jedoch ist bekannt, daß sie bei Annäherung einer Katastrophe Unruhe zeigen und zur Flucht neigen. Ob auch der Mensch von ähnlichen Dingen eine Ahnung hat? Diese Frage drängt sich auf, wenn man weiß, was sich kurz danach in Kollersberg ereignet hat. Wie und wann des Nachts im Anwesen Ritzer Feuer ausbrach, ist nie geklärt worden. Ein Rätsel dabei bleibt, wieso der Brand von niemandem bemerkt worden war, es scheint als wollte man absichtlich keinen Feueralarm geben. Ebenso erschien kein Mensch am Brandort. Die Bauersleute wurden erst wach, als alle Gebäude vernichtet waren und, man staune, das Dach des Wohnhauses über ihnen zusammenstürzte. Da sich meine Schlafstätte auf einem Stallgebäude befand, hätte ich mit Sicherheit in meinem kindlichen Schlaf ebenfalls nichts vernommen und mit aller Wahrscheinlichkeit wäre ich in den Flammen umgekommen. Jetzt meldete sich der Vater mit dem einzigen Satz.

„Hätte ich ihn zurückgejagt, wäre er mir verbrannt."

Im Herbst 1917 trat noch ein Ereignis ein, das ich für wert halte, niederzuschreiben. An einem schönen warmen Nachmittag sagte der Vater zu uns, heute gehen wir nach Hauzenberg und besuchen die Mutter bei der Arbeit. Ob dieser Spaziergang mit Absicht oder zufällig stattfand, kann ich nicht sagen. Nur kurze Zeit standen wir bei der Mutter, als ein Bote von Oberkümmering hinzu kam, der ihr einige Worte ins Ohr flüstere. Es mußte eine ungewöhnliche Nachricht sein, denn ich sah wie sich die Mutter mit ihrer Schürze die Augen trocknete. Die Eltern wechselten einige Worte, dann gingen wir unverzüglich Heim. Die Mutter eilte voraus, woraus zu schließen war, daß zu Hause etwas besonderes vorgefallen sein mußte. Meine Gedanken schweiften nach allen Richtungen, sollte vielleicht ein Zusammenhang mit unserer Anna bestehen! Zwar vernahm ich zuweilen vom Vater über sie, als auch über einen Burschen aus dem Nachbardorf Notau, abfällige Bemerkungen, ganz klug jedoch wurde ich nicht. Wieder einmal fiel der Schleier des Geheimnisses, als wir zu Hause eintrafen, die Wohnungstür aufgebrochen vorfanden, und in der Schlafkammer die Anna im Kindbett lag und ein Neugeborenes seine Anwesenheit akustisch kundtat. Es folgten eine Reihe aufregender Tage, dann mußte Anna aus der Wohnung und wieder zu ihrem Dienstherrn. Den Knaben brachte sie zu den Eltern des Kindsvaters nach Notau. Die üblichen Schimpfereien des Vaters möchte ich weiter nicht mehr erwähnen, seine Verhaltensweisen habe ich zur genüge geschildert.

Der Krieg war so alltäglich geworden, daß sich die Leute quasi daran gewöhnten. In Rußland wütete die Revolution und, standen auch unsere Truppen in allen Ländern, an Sieg glaubte niemand mehr. Mittlerweile waren alle Bitten und Gebete verstummt. Die Bevölkerung sah in jedem Fremden einen Spion, die Parole hieß nur mehr:

„Gott strafe England"

Mit den Launen des Jahrgangs 1917 finden auch meine Kindheitserinnerungen ihren Abschluß. Wie eingangs berichtet, führte mich der Vater zu Lichtmeß 2. Februar 1918 nach Raßberg. Die Zeit, die ich bei meinen Eltern und Geschwistern verbrachte, war endgültig dahin. Der Ernst des Lebens begann, diesmal gab es kein Zurück. Nach diesem 2. Februar 1918, ich konnte es nicht ahnen, habe ich keine Nacht mehr in der Wohnung bei meinen Eltern geschlafen. Mein Fortgehen von Daheim glich einer Auswanderung ohne Wiederkehr.

Lichtmeß 2. Februar 1918

Der Marsch nach Raßberg fand ohne jegliche Vorbereitung statt. Ein Dienstbote wurde, wenn er zu Lichtmeß bei einem Bauern den Dienst antrat, mit Pferde- oder Ochsengespann samt seiner Habe zum Hof gefahren. Bei mir war das nicht nötig, der Vater gab mir einen Esslöffel und eine Gabel, so der Brauch. Dann nahm ich meinen Schulranzen auf den Rücken, in Werktagskleidung, die Füße in Holzschuhen, so schritt ich in mein zukünftiges Leben. Mitleid oder ähnliche Gefühle verdienen keiner Erwähnung. Es gab beim Fortgehen von Daheim keinen Händedruck, keinen Glückwunsch, keine Liebkosung und kein Wort zum Abschied. Dieser Gang führte mich in eine Welt, in welcher ich mich zu behaupten hatte, weiter nichts. Auf dem Weg von Oberkümmering nach Raßberg benutzte der Vater die Gelegenheit, die so oft von ihm erteilten Mahnungen und Hinweise zu wiederholen:

Benimm dich anständig, fang bei Tisch nicht als erster an zu essen, sollte am Abend vom Mittag etwas übrig sein, warte ab bis die älteren Dienstboten davon gegessen haben, leg dich nach der Abendsuppe sofort schlafen und führe aus was man dir anschafft. Du bekommst genug zu Essen und hast keine weiteren Sorgen. Alles lief darauf hinaus, das Wohl des Dienstherrn im Auge zu behalten, für das Eigene fehlte jede Voraussetzung, ja sogar der Mut, sich für ein menschlicheres einzusetzen. Gute Ratschläge mögen, wenn sie angenommen werden, für junge Menschen von Nutzen sein, der Preis jedoch ist hoch, ich bekam es bald zu spüren. Am Mittag zur Essenszeit kamen wir in Raßberg an. Ich ließ es mir sofort gut schmecken. Nach Tisch verhandelte der Vater mit dem Bauern über meinen Lohn. Dienstboten auf dem Lande vereinbarten einen Jahreslohn. Bei mir einigten sich die beiden auf den Betrag von 70,— DM (i.W. siebzig) für das erste Jahr. Der ausgehandelte Lohn, zwei Werktagshosen, ein Rock, drei Hemden, Kost und Unterkunft verpflichteten mich auf ein Jahr. Mit den

Worten: „Du bleibst da" verließ der Vater den Hof und übergab mich damit dem Bauer. An diesem Tage fiel die Entscheidung für eine siebenjährige Laufbahn in der Landwirtschaft.

Mochten sich Gedeih und Verderb die Balance halten, richtungweisend war einzig und allein der Ausschlag des Züngleins auf dieser Schicksals-Waage. Bedingt durch den Krieg und die ablehnende Haltung des Vaters anderen Berufen gegenüber, mußte ich die landwirtschaftliche Arbeit erlernen. Nun stand ich unter der Botmäßigkeit des Bauern. Er führte mich sogleich in den Stall, wo er mich mit der Fütterung sowie Betreuung des Viehstandes vertraut machte. Aßberger, ein sehr strenger Mann, duldete keine Schlamperei, sich von ihm eine Arbeit zweimal sagen zu lassen, war nicht ratsam. Man erzählte, daß er vor mir einen bei ihm in Dienst gewesenen Stallbuben an den Ohren zog. Ob Gerücht oder Wahrheit, mir widerfuhr außer strikten Anweisungen keine körperliche Züchtigung. Bald waren mir alle übrigen Personen bekannt. Zwei russische Kriegsgefangene und zwei Mägde zählten zum weiteren Dienstpersonal. Die Knechtkammer diente den beiden Russen und mir als Schlafraum. Oft bin ich von den Leuten gefragt worden, ob ich denn keine Angst vor ihnen hätte, nein, ich fürchtete mich nicht vor ihnen, Andrey und Simon waren zwei brave Männer, bei ihnen fühlte ich mich sichtlich geborgen, zumal sie mir bei jeder noch ungewohnten Arbeit behilflich waren. Meine guten Beziehungen zu den Kriegsgefangenen während meiner Schulzeit zeitigten positive Auswirkungen. Die beiden gehörten zur Hausgemeinschaft, aßen am selben Tisch und sind von niemandem als Feinde angesehen worden.

Der Schlafraum für Dienstboten im ländlichen Bereich eignete sich, außer zur nächtlichen Ruhe, kaum zu einem geselligen Aufenthalt. Die Einrichtung bestand aus drei Betten, einem Schrank und einer Truhe, dagegen kein Tisch, kein Stuhl, keine Bank, keine Beleuchtung und ganz zu schweigen von einer Heizanlage. Schrank und Truhe waren Eigentum zweier Knechte, die beim Militär Dienst taten. In diesem Raum hörte ich das erstemal den

Formblatt 5
(Schulordnung
§ 1, Ziffer 5.)

Entlassungs-Zeugnis

aus der Volks-Fortbildungsschule

für Bauer Max

geboren am 24. 1. 1905 zu Fürsetzing, Bez.-A. Passau

Religion kath., Unterstützungswohnsitz Kaßberg, Bez.-A. "

Name des Vaters / der Mutter B. Max u. Anna, Beruf des Vaters / der Mutter Fuhrhalter

erster Eintritt in die Volks-Hauptschule am 1. 5. 1911 zu Hauzenberg

Entlassung aus der Volks-Hauptschule am 16. 3. 1918 zu Walkar

Bemerkungen

Der Schüler hat die Volks-Fortbildungsschule und den damit verbundenen Religionsunterricht vom 16. 3. 1918 bis zum 24. 4. 1921, sohin 3 Jahre und zwar zuletzt in Walkar mit entsprechendem Fleiße besucht, ein entsprechendes Betragen gepflogen und sich **folgende Noten** erworben:

Religion	2	Aufsatz	2	Schönschreiben	2
Sachunterricht	2	Rechtschreiben	2		
Lesen	2	Rechnen	2	**Fortgangsnote**	–

Der Schüler ist mit Aushändigung dieses Zeugnisses aus der Volks-Fortbildungsschule entlassen, und hat der allgemeinen Schulpflicht Genüge geleistet.

Walkar, am 24. 4. 1921

Der Bezirks-**Schulrat:** Reith

Der Volksschul-**Lehrer** Schreiner

Sorgfältig aufzubewahren!

83 Friedrich Klüber, Passau, Gewerbehalle

Weckruf des Bauern, der mir in der Folgezeit am Abend, wenn ich ins Bett stieg, bereits in den Ohren klang. Sehr schnell lernte ich die Rangordnung jedes einzelnen kennen. Sie war ein ungeschriebenes Gesetz innerhalb der Gemeinschaft.

Unter mir stand niemand, ich befand mich sozusagen auf der untersten Sprosse der Rangskala. Jeder wahrte das Recht in seinem Bereich und weil der kleine F-u-a-d-a-r-a das allerwenigste zu sagen hatte, mußte er vieles tun, was den anderen nicht gefiel. Verschwiegenheit, die ebenfalls ernst genommen werden mußte, verlangte gleichwohl höchste Beachtung. Dinge ausplaudern, die ältere Dienstboden mitsammen besprachen, war nicht sinnvoll, weil sich manchmal Redensarten gegen die Bauersleute richteten. Das alles hatte ich bald begriffen, hierfür bedurfte es keiner Aufklärung. Zeitlang oder Langeweile befiel mich nicht, kannte ich doch die Jungen im Dorfe von der Schule her. Der Bauer hatte übrigens selbst fünf Kinder, zu denen ich mehr oder weniger gehörte. Die Monate im Winter erlaubten manchmal einen Schulbesuch, der jedoch nicht mehr viel Bedeutung erlangte. Weitere Aufmerksamkeit mußte dem streng geregelten Kirchgang geschenkt werden. Außer einer männlichen und einer weiblichen Person durfte an Sonn- und Feiertagen vormittags im Hofe niemand angetroffen werden. In vielen Häusern bestand zwischen den Geschlechtern eine ungerade Zahl, dadurch entstanden wechselseitige Kombinationen, sodaß nicht jedesmal dasselbe Paar zusammentraf. So mancher empfand es als gütige Fügung, wenn „Er" oder „Sie" an einem Sonntagvormittag mit einer ihm sympathischen Person allein sein durfte. Die beiden hatten die Aufgabe, Haus und Stallarbeit zu verrichten und zur Weihe des Sonntags einen Rosenkranz zu beten. Letzteres kam selten zur Ausführung, denn selbst Töchter des Hauses, meist Mitglieder einer katholischen Mädchen-Kongregation, man nannte sie Betschwestern, entzogen sich gerne dieser starren Etikette wenn sie ohne Aufsicht waren. Aber Vorsicht!

Zu damaliger Zeit befanden sich auf den Bauernhöfen meist noch ältere Leute, Geschwister des Bauern oder der Bäuerin, sie blieben zeitlebens auf dem Hof, arbeiteten für das Essen und wenig Lohn und hausten in ihren alten Tagen bescheiden in einem Austragsstübchen. Ihr einziger Trost war die Kirche und das Gebet. In ihrer Frömmigkeit scheuten sie kein noch so großes Unwetter, gingen bei Sturm und Wind, Regen und Schnee, selbst im Winter bei grimmiger Kälte die Laterne in der Hand, stundenweit

Auszug

aus der Königlichen Allerhöchsten Verordnung über die Schulpflicht vom 4. Juni 1903.

§ 1.

Die Schulpflicht beginnt für Knaben und Mädchen mit der Vollendung des sechsten Lebensjahres und dauert regelmäßig zehn Schuljahre.

Hievon treffen regelmäßig sieben Jahre auf die Werktagschulpflicht und **drei Jahre auf die Sonntagschulpflicht.**

§ 8.

An die Entlassung aus der Werktagschule schließt sich vorbehaltlich der in dieser Verordnung zugelassenen Ausnahmen unmittelbar die Verpflichtung zum Besuche der Sonntagschule.

Sonntagschulpflichtige sind auch zum Besuche des öffentlichen oder für sie besonders eingerichteten Religionsunterrichtes (Christenlehre etc.) verbunden.

Der Sonntagschulunterricht hat mit Ausnahme der Ferien und der schulfreien Tage an allen Sonn- und Feiertagen stattzufinden.

§ 10.

Die Entlassung aus der Sonntagschule findet vorbehaltlich der in dieser Verordnung zugelassenen Ausnahmen nach erfolgreichem Bestehen der Entlassungsprüfung am Schlusse des Schuljahres derjenigen Schule statt, welcher die Sonntagschulpflichtigen während ihres letzten Sonntagschuljahres zuletzt angehört haben.

Sonntagschulpflichtige, die sich bei der Entlassungsprüfung nicht als hinreichend unterrichtet erweisen, können durch Verfügnng des Distriktsschulinspektors etc. zu weiterem Besuche der Sonntagsschule auf eine im Voraus zu bestimmende Zeit, längstens aber auf die Dauer eines Schuljahres angehalten werden. Diese Zeit kann nachträglich abgekürzt oder bis zum Schlusse des Schuljahres verlängert werden, falls sie auf kürzere Dauer festgesetzt war.

§ 12.

Die förmliche Entlassung aus der Sonntagschule erfolgt durch Aushändigung eines Entlassungszeugnisses an die Austretenden oder an deren Erziehungsberechtigte.

in die Frühmesse. Glaubte man sich zu Hause sicher, kamen sie unerwartet am frühen Vormittag zurück und begehrten im ringsum verschlossenen Hof Einlaß. Mit Argusaugen wachten sie, daß keine unlauteren Dinge geschahen. Diese Personen sind oft als bösartig bezeichnet worden, was jedoch von wenigen Ausnahmen nicht stimmte. Die Gegensätze von Jung und Alt bestanden damals ebenso wie heute, wenn auch mehr oder weniger in verhaltener Form. Es sorgten vorwiegend die Bäuerinnen, daß unter dem Gesinde Zucht und Ordnung herrschte. Sie waren es, die mit den Geistlichen in Verbindung standen und in den Pfarrhöfen ein und aus gingen. Eine Abweichung von der sittlichen Moral durfte nicht vorkommen, Vergehen in dieser Hinsicht hatte die fristlose Entlassung zur Folge.

Wie bereits erwähnt, kam ich bar aller Habe nach Raßberg. Mein sonntäglicher Kirchgang unterschied sich in grotesker Weise von den anderen Kirchgängern. Nach der morgendlichen Stallarbeit und der Frühsuppe schnürte ich mein Wäschebündel, ging nach Oberkümmering zu meinen Eltern, machte mich ein wenig sonntäglich zurecht, schlüpfte in die Schuhe meiner Mutter und machte mich auf den Weg nach Hauzenberg. Auf dem Rückweg legte ich in Oberkümmering ab, was ich an Wochentagen nicht benötigte, nahm die Sachen, die mir die Mutter zurechtgemacht hatte und ging nach Raßberg. Als nach der Entlassung aus der Volksschule am 1.5.1918 die Pflicht zum Besuch für drei Jahre jeden Sonntag die Fortbildungsschule und Christenlehre hinzukam, war die sonntägliche Freizeit knapp bemessen. Im Anschluß an das Hochamt begann für eine Stunde die Christenlehre. Nachmittags um zwei Uhr begann der Unterricht in der Schule Wolkar, er endete um vier Uhr, um sechs mußte ich eintreffen zur Stallarbeit. So sah der heilige Sonntag aus.

Mit dem Beginn des Frühlings begann auch die Arbeit auf den Feldern. Das Ochsengespann war es, womit ich mich zu beschäftigen hatte. Die Tiere gingen im Joch, für einen Anfänger ein kleines Kunststück, wollte er das Joch fachgerecht aufzäumen. An den meisten Fahrzeugen fehlte eine Bremsvorrichtung, man benutzte einen, aus Buchenholz zurechtgehauenen Bremsschuh, (Radschuh). Ein gefährliches Unterfangen, wenn auf den steinigen Wald- und Feldwegen ein Radschuh aus der Spur geworfen wurde und die Last der ganzen Fuhre von den Tieren gehalten werden mußte. Eines Tages holten der Bauer und ich in Oberlichtenau, an der Stelle wo jetzt der Aussichtsturm steht, eine Fuhre Buchenholz. Dorthin führte damals ein kaum wahrnehmbarer Weg. Das ganze Gelände war übersät mit Gestein. Bei der steilen Abfahrt befand ich mich stets vor den Tieren, immer mit dem Peitschenstiel drohend, um eine langsame Gangart zu erzwingen. Nur beim dauernden rückwärtsgehen konnte ich das erreichen, ich stolperte über einen, auf der Fährte liegenden Stein und kam zu Fall. Geistesgegenwärtig, um von den Tieren Abstand zu gewinnen, überschlug ich mich, stand halb wieder auf den Beinen und hatte in wenigen Augenblicken das Gespann in meiner Gewalt. Die Gefahr in solchen Situationen besteht darin, unter das Gefährt zu geraten und sich dabei schwere, wenn nicht tödliche Verletzungen zuzuziehen.

Die Handhabung der Arbeitsgeräte erfordete Kraft und viel Geschick. Nur Dresch- und Häckselmaschinen fanden zu meiner Zeit in der Landwirtschaft Verwendung. Ich lernte mähen mit der Sense, dreschen mit der Drischel, schneiden von Roggen mit der Sichel und vieles mehr. Bei der Roggenernte zahlte ich mein erstes Lehrgeld, als ich mir mit der Sichel eine Schnittwunde am linken Unterschenkel verpasste. Heimlich, daß mich niemand bemerkte, verband ich die blutende Wunde mit dem Taschentuch. Der Bauer sah auf den gelben Stoppeln die roten Blutspuren, er ging durch die Reihen der Schnitter, um sich nach dem Verletzten zu erkundigen. Ich mußte die Hände vorzeigen, da er aber nichts entdecken konnte, ging er wieder an seinen Platz. Von meiner Verletzung hat niemand etwas erfahren, ohne jegliche Behandlung heilte die Wunde in kurzer Zeit.

Nach einem für mich harten und arbeitsreichen Sommer folgte der Herbst mit seiner oft recht launischen Witterung. Mit schäbiger Kleidung, die Füße in Holzschuhen, so stapfte ich über nasse Wiesen, Felder und Wald. Beim ernten der Kartoffeln und Hackfrüchte klebte an trüben Tagen das Erdreich an den Holzschuhen, daß man kaum mehr zu gehen vermochte. Durchnäßt und durchfroren erwartete die Dienstboten nach Feierabend eine meist kalte, nicht genügend geheizte Bauernstube. Wie freute ich mich an solchen Tagen auf die Stallarbeit, um mich im warmen Stall bei den Tieren auftauen zu lassen. Für regennasse Kleider hatte ich keinen Ersatz, sie mußten auf dem Leibe trocknen, oder aber, ich nahm die nassen Sachen des Nachts zu mir ins Bett. Eine Mattigkeit die mich einmal befiel, steigerte sich soweit, daß ich eines Tages das Lager nicht mehr verlassen konnte. Ergeben lag ich einsam in der Knechtekammer. Man kümmerte sich wenig um mich, zu Essen mochte ich nichts, lediglich der Knecht Stefan Kandlbinder brachte vom Wald einige Hufblätter, ich solle sie zerkauen sagte er mir. Ob gut oder nicht gut, ich befolgte seinen Rat. Der Saft vom Huflattich soll zur Gesundung beitragen. Als die Mutter von meiner Krankheit erfuhr, besuchte sie mich in meiner Einsamkeit. In den wenigen Worten, die wir wechselten, spürte ich ihr tiefes Mitleid. Mehr als tröstende Worte vermochte sie mir nicht zu geben, mich mit nach Hause nehmen, durfte sie nicht. Was mag in ihr vorgegangen sein? Kaum genesen mußte ich, der Regel entsprechend, sofort an die Arbeit.

Im Jahre 1918 herrschte im Lande eine bösartige Grippewelle. Viele Leute erkrankten, bald hörte man von Sterbefällen in den umliegenden Dörfern. Unsere Anna lag todkrank darnieder. An einem Sonntag holten wir sie vom Bauern in unsere Wohnung. Wir betteten die Anna auf einen Strohsack und trugen sie auf einem kurzen Weg durch die Obstgärten Heim. Auf halber Strecke versagten meine Kräfte, die Ecke des Strohsacks glitt mir aus der Hand und fiel mit der Kranken zu Boden. Den jammervollen Seufzer, den die Anna beim Aufprall von sich gab, habe ich nie vergessen. Vom weiteren Verlauf ihrer Krankheit wußte ich nichts, bis mir ein Bote von Oberkümmering die Nachricht vom Tode unserer Anna überbrachte. Sogleich machte ich mich auf zu unseren Eltern. Ich fand die Mutter weinend an der Bahre. Was auch bisher auf die Mutter zukommen mochte, hier habe ich die ersten Klagelaute von ihr vernommen. Sie so in ihrem Schmerz betrachtend, war es an mir, sie zu trösten. Ich stammelte die Worte: „Mutter, beruhige dich, es ist doch nicht zu ändern." Der Vater kam hinzu und ließ ebenfalls eine sichtbare Niedergeschlagenheit erkennen.

Die Anna starb im November 1918 im Alter von 21 Jahren.

Der Krieg ging zu Ende, die Gefangenen wurden in ihre Heimatländer zurückgeführt. Unruhen in den Städten, vereinzelte Einbrüche und Diebstähle auf dem Lande kennzeichneten die Auflösung der bestehenden Ordnung. Vieles änderte sich, der deutsche Kaiser ging nach seiner Abdankung ins Exil nach Doorn, (Holland) der Bayernkönig verlor sein Land und flüchtete, damit hatte die Monarchie aufgehört zu existieren. Wir Jungen lauschten aufmerksam den Erzählungen der Heimkehrer. Ihre Erlebnisse und Schicksale in Krieg und Gefangenschaft fanden höchste Anteilnahme. Dasselbe auch einmal mitmachen zu müssen, lag bei mir noch in weiter Ferne.

Lichtmeß 1919 endete das erste Jahr meiner Dienstzeit. Der Vater kam nach Raßberg, strich die vereinbarten 70,– Mark vom Tisch, die der Bauer aufzählte, einigte sich dann mit Aßberger auf 90,– Mark für das zweite Jahr und sagte zu mir:

„Du bleibst wieder da."

Ich erhielt die mir zustehenden Kleidungsstücke, Hosen und Rock aus blaugefärbtem Leinen, Hemden aus weißem Leinen das infolge des Krieges wieder mehrfache Verwendung fand. Die von mir selbst erworbenen Sachen erfüllten mich mit Stolz und hoben zugleich meinen Arbeitseifer. Der Vater beschaffte mir einen alten, bemalten, beinahe von Holzwürmern zerfressenen Bauernschrank darinnen ich meine wenigen Sachen verstaute. Durch die im ersten Jahr gesammelten Erfahrungen und die hinzugekommenen Kräfte, war die Arbeit im zweiten Jahr für mich wesentlich leichter. Das Versprechen eines Dienstboten einem Bauern gegenüber wurde in der Regel mit einem sogenannten „Dran Geld" von 5,– Mark honoriert. Hatte man das Geld angenommen, galt es das Versprechen zu halten. Gab ein Dienstbote das Geld zurück, war der Vertrag zwar ungültig, trug jedoch nicht zum besten Ansehen bei. In ländlichen Gegenden, wo jeder jeden kennt, durfte kein Dienstbote seinen sowieso nicht überbewerteten Ruf leichtsinnig aufs Spiel setzen. Ein mißtrauisch gemachter Bauer war nicht leicht umzustimmen und wie die weniger guten Dienstplätze bekannt waren, kannte man auf der anderen Seite die liederlichen Dienstboten. Mochte es nach außen den Anschein erwecken, als verliefe alles harmonisch, doch zwischen Bauersleuten und Gesinde bestand immer ein gespanntes Verhältnis.

Sofern auch der Krieg zu Ende war, das Elend und die Not der breiten Masse fand noch lange kein Ende. Die Städter trieb es zum Hamstern aufs Land, weniger Not kannten die Leute auf dem Lande. Des öfteren schickte mich der Bauer mit Getreide zur Mühle. Für das monatliche Kontingent verteilten die Behörden sogenannte Mahlkarten für eine bestimmte Menge Mehl. Beim holen der Produkte gab mir der Bauer auf die abgelaufene Karte abermals einige Säcke Korn mit zur Mühle. Auf diese Weise wurde in Übereinkunft von Bauer und Müller die vorgeschriebene Menge umgangen. Trotz allem sah ich mehrmals Frauen und Kinder mit leeren Händen den Hof verlassen, wenn sie zumindest Milch oder Brot kaufen wollten. Bettler dagegen gingen nie leer aus. Eine grausame widersprüchliche Zeit. Einerseits fielen gewisse Leute auf die Knie, um vom Allmächtigen Barmherzigkeit zu erbitten und sich im selben Atemzug nicht um Menschen kümmerten, die in Not und Elend ihr Leben fristeten.

Als eines Tages die Kinder des Bauern die Frage an mich richteten, ob ich die Quartier-Kathl kenne, mußte ich verneinen. Dieser Name war mir nicht bekannt. Die Kinder erklärten mir daraufhin wer sie sei und daß sie in den nächsten Tagen ins Haus käme. Meine Neugier war geweckt, bald lernte ich sie kennen. Die Kathl, ihren vollen Namen habe ich nie erfahren, eine ehemalige Bauernmagd ohne Angehörige, mußte als Quartiererin die Runde machen, das heißt: Bei jedem Bauern in der Gemeinde gewährte man ihr, je nach Größe des Hofes, acht oder vierzehn Tage Unterkunft und Verpflegung. Diese Personen durften sich nicht an den Tisch setzen, ihr angestammter Platz befand sich an der hintersten Bank bei der Stubentür, wo ihnen auch das Essen verabreicht wurde. Niemand frug die Kathl, ob sie von dem ihr dargereichten Essen

Außen den Anschein erwecken als verliefe alles harmonisch doch, zwischen Bauersleute und Gesinde bestand immer ein gespanntes Verhältnis.

Sofern auch der Krieg zu Ende war, das Elend und die Not der breiten Masse fand noch lange kein Ende. Die Städter trieb es zum Hamstern aufs Land, weniger Not kannten die Leute auf dem Lande. Des öfteren schickte mich der Bauer mit Getreide zur Mühle. Für das monatliche Kontingent verteilten die Behörden sogenannte Mahlkarten für eine bestimmte Menge Mehl. Beim holen der Produkte gab mir der Bauer auf die abgelaufene Karte abermals einige Säcke Korn mit zur Mühle. Auf diese Weise wurde in übereinkunft von Bauer und Müller die vorgeschriebene Menge umgangen. Trotz allem sah ich mehrmals Frauen und Kinder mit leeren Händen den Hof verlassen wenn sie, zumindest Milch oder Brot kaufen wollten. Bettler dagegen gingen nie leer aus. Eine grausame widersprüchliche Zeit. Einerseits fielen gewisse Leute auf die

Knie um vom Allmächtigen Barmherzigkeit zu erbitten und sich im selben Atemzug nicht um Menschen kümmerten die in Not und Elend ihr Leben fristeten.

Als eines Tages die Kinder des Bauern die Frage an mich richteten ob ich die Quartier—Kathl kenne mußte ich verneinen, dieser Name war mir nicht bekannt. Die Kinder erklärten mir daraufhin wer sie sei und daß sie in den nächsten Tagen ins Haus käme. Meine Neugier war geweckt, bald lernte ich sie kennen. Die Kathl, ihren vollen Namen habe ich nie erfahren, eine ehemalige Bauernmagd ohne Angehörige, mußte als Quartiererin die Runde machen, das heißt: Bei jeden Bauern in der Gemeinde gewährte man ihr, je nach größe des Hofes, acht oder vierzehn Tage Unterkunft und Verpflegung. Diese Personnen durften sich nicht an den Tisch setzen, ihr angestammter Platz befand sich an der hintersten Bank bei der Stubentür wo ihnen auch das Essen verabreicht wurde. Niemand frug die Kathl ob sie von dem ihr dargereichten Essen satt sei, sowohl auch nicht nach ihren sonstigen Befinden. Meistens konnten sich diese presthaften Personnen selber nicht mehr richtig säubern, auch das kümmerte niemanden, man machte einen Bogen um sie und wich ihnen aus so gut es ging, gab ihnen zu Essen, gewährte ihnen dürftiges Nachtlager und war froh sie wieder aus dem Haus zu haben. Als die Kathi nach Ober-Kümmering gebracht worden war nahm die Mutter sich ihrer an, badete sie in einen Schaff, (Zuber) kämmte ihr das von Läusen strotzende Haar, wusch und besserte auch ihre Kleider aus. Weil die Mutter sich herbei ließ dieser armen Frau zu helfen geriet sie durch ihre Hilfbereitschaft beinahe in einen schlechten Ruf. Man hatte sich von Altersher angewöhnt die ausgeschundenen heimatlosen Menschen sich selbst zu überlassen bis sie in irgend einen feuchten Winkel oder im Stall ihr Leben aushauchten. Unter diesen Umständen gingen sehr viele auf die Landstraße und zeitlebens betteln. Bettelleuten gewährte man ein Nachtlager in der Stube oder im Stall satt sei, sowohl auch nicht nach ihrem sonstigen Befinden. Meist konnten sich diese presthaften Personen selber nicht mehr richtig säubern, auch das kümmerte niemanden. Man machte einen Bogen um sie und wich ihnen aus so gut es ging, gab ihnen zu Essen, gewährte ihnen dürftiges Nachtlager und war froh, sie wieder aus dem Haus zu haben. Als die Kathl nach Oberkümmering gebracht worden war, nahm die Mutter sich ihrer an, badete sie in einem Schaft, (Zuber), kämmte ihr das von Läusen strotzende Haar, wusch und besserte auch ihre Kleider aus. Weil die Mutter sich herbeiließ, dieser armen Frau zu helfen, geriet sie durch ihre Hilfsbereitschaft beinahe in einen schlechten Ruf. Man hatte sich von Altersher angewöhnt, die ausgeschundenen heimatlosen Menschen sich selbst zu überlassen bis sie in irgend einem feuchten Winkel oder im Stall ihr Leben aushauchten. Unter diesen Umständen gingen sehr viele auf die Landstraße und Zeitlebens betteln. Bettelleuten gewährte man ein Nachtlager in der Stube oder im Stall auf einer Schütte Stroh. Beim stillen Nachdenken frag ich mich immer wieder, war es denn wirklich so? Ja, es ist die Wahrheit, so habe ich alles damals erlebt.

Mein Vater, aus dem Franzl-Hiasl-Hof in Fürsetzing stammend, 1860 dort geboren, erzählte uns aus seiner Kindheit von einem Quartiers-Mann mit Namen Hakl, auch dieser Mann ist als Dienstbote alt geworden. Arbeitsunfähig und gebrechlich, mußte er von Hof zu Hof ziehen. Man schrieb das Jahr 1866, die Auseinandersetzung Bayern—Preußen endete mit der Niederlage Bayerns. Der alte Hakl saß auf dem ihm zugewiesenen Platz und weinte. Auf die Frage was ihn bedrückte, antwortete der alte Mann:

„Es tut mir weh, weil wir jetzt zu den Preußen gehören".

Daraus ist zu entnehmen, daß auch diese Menschen den Ereignissen nicht teilnahmslos gegenüber standen. Nur die wenigsten haben sich mit ihnen auf ein Gespräch eingelassen.

Gegen Ende des zweiten Jahres bei Aßberger wollte der Vater, ich solle ein weiteres bleiben. Auf meinen Wunsch und gute Worte der Mutter gab er nach. Zu Lichtmeß 1920 trat ich in den Dienst bei Otto Schauer in Hunaberg. In den vergangenen zwei Jahren lernte ich alle in der Landwirtschaft vorkommenden Arbeiten. Bei den Leuten im Hause Schauer herrschte gutes Einvernehmen. Der Bauer, ein ruhiger verständiger Mann, traf seine Anordnungen stets in überlegener Gelassenheit. Hunaberg lag für

mich günstiger, es war mir möglich, meine Eltern nach Feierabend zu besuchen. Mit der Vereinbarung von 120,— Mark Jahreslohn begann ein neues Jahr bei einem neuen Dienstherrn. Ich glaube, sagen zu dürfen, daß das Jahr 1920 von allen vorangegangenen am ruhigsten verlief. Alle Arbeiten waren mir vertraut, ich verrichtete sie zur Zufriedenheit des Bauern, dafür kaufte er mir am Ende des Jahres statt der Werktagskleidung einen Sonntagsanzug. Darüber freute ich mich besonders. Den Jahreslohn strich der Vater wiederum vom Tisch. Mir gefiel es bei Schauer und ich blieb ein weiteres Jahr.

Das was im Jahre 1921 auf mich zukam, traf mich mit voller Wucht. Im Frühjahr erkrankte die Mutter, nach kurzer Zeit konnte sie das Bett nicht mehr verlassen. Meine Schwester Maria, bereits verheiratet, wohnte mit ihrem Mann und zwei Kindern in Hauzenberg. Um der Mutter eine bessere Pflege angedeihen zu lassen, nahm die Maria sie zu sich. Im Laufe der nun folgenden Wochen verschlimmerte sich die Krankheit so sehr, daß sie ins Krankenhaus nach Obernzell überführt werden mußte. Weshalb sich die Ärzte zu einer Beinamputation entschlossen, vermag ich nicht zu sagen. An einem Sonntag machten Vater, mein Bruder und ich einen Besuch. Als ich beim Eintritt ins Krankenzimmer die Mutter auf ihrem Lager sah, überfiel mich ein kalter Schauder, denn ich erkannte, ja, ich wußte sofort, daß meine gute Mutter das Krankenhaus lebend nicht mehr verlassen wird. Vom Tode gezeichnet, empfing sie uns liebevoll am Krankenlager. Die Mutter zog ihren Jüngsten an sich und hielt ihn eine Weile in ihren Armen. Ich fühlte beim Anblick unserer lieben Mutter eine Traurigkeit, daß ich kaum ein Grußwort hervorbrachte. Während wir bei ihr standen, machte sie uns auf die Beinamputation aufmerksam, wo man unter dem Verband nur mehr ein kurzes Stück vom linken Oberschenkel erkennen konnte. Trotz ihrer hoffnungslosen Lage sprach sie von der Arbeit nach ihrer Genesung. Die Mutter hatte auf ihrem Krankenlager noch nicht aufgehört, für uns zu sorgen. Nachdem wir Abschied genommen hatten, ließ der Vater Michael und mich auf dem Gang warten und ging noch einmal zurück ins Zimmer. Als er nach einer Weile mit tränenfeuchten Augen zu uns trat, sagte er einige mir unverständliche Worte. Ich scheute mich, eine Frage an ihn zu richten, hatte ich doch Mühe, mit mir selbst fertig zu werden. Mit tiefer Depression fuhren wir nach Hause, sollte ich vielleicht die Mutter nicht wiedersehen? In der folgenden Woche ging ich, wie so oft, eines Abends nach Oberkümmering in der Erwartung, etwas von der Mutter zu erfahren. Ich fand unsere Wohnungstür abgesperrt. Als ich auf dem Rückweg am Hause Sexlinger vorbeiging, erblickte mich die Hausfrau. Ohne jegliche Vorbereitung auf das Unerwartete rief sie mir aus dem Fenster zu.

„Maxl, deine Mutter ist gestorben."

Die Worte wirkten auf mich wie ein Donnerschlag. In diesem Augenblick brach für mich die Welt zusammen. Ich nahm die Kunde stumm entgegen, fragte nicht nach Tag und Zeit wann sie die Augen schloss, sondern ging wie ein Schlafwandler zurück nach Hunaberg. Nach außen blieb ich ruhig, doch im Innern tobte ein von unsagbaren Schmerzen begleiteter Kampf, ein Schmerz, der alles verbrannte, ich war nicht einmal fähig, Tränen zu vergießen. In meinem Alter von sechzehn Jahren wußte ich, von dieser Stunde an, stehe ich allein in dieser Welt und kann mich auf niemanden mehr verlassen. Mit meiner Mutter verband mich eine Innigkeit, die bis auf den heutigen Tag lebendig blieb. Daß es für immer vorbei sein sollte, mit ihr zu sprechen oder mit einer Bitte an sie heranzutreten, konnte ich gar nicht begreifen. Nur die Einsamkeit half mir am besten darüber hinweg.

Die Mutter starb am 26. Juli 1921 im Alter von 45 Jahren.

Ihr Geburtsdatum war der 5. Januar 1876.

Die Mutter kam als uneheliches Kind in Redling, Gemeinde Oberdiendorf zur Welt. Nach der Heirat ihres Vaters war ihre Heimat ein bäuerliches Anwesen in Steinberg, Gemeinde Wotzdorf.

Am Tage der Beerdigung waren wir alle versammelt. In einem Gespräch, eingeleitet von Maria unserer Ältesten, warf sie die Frage auf, wie es weitergehen soll. Daß wir uns auf den Vater nicht gut verlassen konnten, wußten wir zur genüge. Ich selbst, unfähig zu einer Überlegung, wußte keinen Rat, ich litt zu sehr an dem vergangenen Ereignis. Die Maria nahm sich unser an so gut sie es vermochte. Den Bruder Michael nahm sie zu sich und ich durfte meine schmutzige Wäsche zum reinigen zu ihr bringen, womit sie mir eine große Sorge abnahm. Mit dem Bündel unterm Arm marschierte ich nach Hauzenberg. Die Maria tat es umsonst, dafür zu zahlen wäre mir sowieso nicht möglich gewesen. Socken stopfen oder einen Flicken auf das Loch einer zerrissenen Hose nähen, tat ich wärend meiner freien Zeit. Ich stand unter fremden Menschen auf mich selbst angewiesen, auf Anteilnahme von irgendwo bestand keine Hoffnung. Die Bindung an Vater war nie so intensiv, daß er den Verlust der Mutter nur annähernd ersetzen konnte, er gab die Wohnung in Oberkümmering auf, verschleuderte die wenigen Sachen, verrichtete gelegentlich eine, ihm entsprechende Arbeit und lebte nach dem Tode der Mutter noch fünfundzwanzig Jahre.

Es gibt im Leben Vorkommnisse, die man nur der Mutter anvertrauen kann und möchte. Abgelenkt von den Mühen des Tages überkam mich des öfteren der Drang, dieses oder jenes am Sonntag der Mutter zu erzählen. Da plötzlich, wie durch einen Schlag in die Wirklichkeit zurückversetzt, kam mir zum Bewußtsein, daß sie nicht mehr am Leben sei. Die Zeit verstrich, man sagt, die Zeit heilt Wunden, nun, wenn sie auch nicht alle heilt, man beruhigt sich mit der Zeit. Den Vater sah ich gelegentlich an einem Sonntag in einer von ihm bezeichneten Gastwirtschaft in Hauzenberg. Ich hielt mich eine Weile bei ihm auf, kostete von seinem Bier, aß dazu eine Brezel und nach ein paar Ratschlägen entfernte ich mich alsbald. Mit ihm über Ernsthafteres zu reden, war ich nicht alt genug. Anschließend holte ich bei Maria meine Wäsche und machte mich auf den Rückweg nach meiner Dienststelle.

Lichtmeß 1922 ging die Dienstzeit bei Schauer zu Ende. Gerne wäre ich ein weiteres Jahr geblieben, da ich jedoch das Alter erreichte, welches mir erlaubte, die Stelle eines zweiten Knechts anzunehmen, wechselte ich den Platz und verdingte mich zum Bauer Max Veit in Raßberg. Die Schulzeit hatte ich hinter mir, damit erlangte ich mehr Selbständigkeit. Allmählich unabhängig vom Vater, bekam ich mehr und mehr uneingeschränkte Handlungsfreiheit. So fing ich an, mein Leben selbst zu gestalten.

Lustbarkeiten für jüngere Leute im heutigen Sinne kannte man nicht. Im Alter bis zu sechzehn Jahren durfte sich des Nachts keiner herumtreiben und ohne Erziehungsberechtigten keine Gaststätte aufsuchen. Sehenswürdigkeiten boten Schauspielgruppen, die an Jahrmärkten auf öffentlichen Plätzen akrobatische Kunststücke und Seiltänze vorführten. Außerdem befand man sich an Sonn- und Feiertagen unter seinesgleichen, versammelt in einem Bauernhaus. Dort wurden unter anderem allerlei Spiele und Späße harmloser Art getrieben. Gelegentlich durfte unter der Aufsicht der Bauersleute zum Spiel einer Mundharmonika getanzt werden.

Ein Bursche, der ein Musikinstrument beherrschte, genoß hohes Ansehen. Gut gelaunt spendete der Bauer einen Krug mit Apfelmost. Um fünf Uhr Nachmittag war der Spuk vorbei, um sechs Uhr mußte jeder zur Stallarbeit eintreffen. Diese Sonntag-Nachmittag-Stunden verschafften einen Ausgleich, man freute sich beim auseinandergehen auf das nächste Treffen. Es bestanden auch gute Beziehungen zu den jungen Burschen in den Nachbardörfern, man stattete sich Besuche ab, nur durfte die Autorität des Dorfes nicht verletzt werden. Verstöße dagegen endeten nicht selten mit einer folgenschweren Rauferei. Desgleichen wurden auch Kammer-Fenster-Geschichten ausgetragen, besonders wenn sich ein fremder, noch dazu ein unbeliebter Bursche an eine Dorfschöne heranmachte.

Auf Grund meiner Stellung als zweiter Knecht wagte ich mich, wenn auch noch zögernd, unter die älteren Dorfburschen. Da ich mich nun einmal in diesem Milieu befand, begehrte ich vorerst nichts anderes. Der Bauer Max Veit war ein rechtschaffener Mann, die Bäuerin eine tüchtige Hausfrau und eine ausgezeichnete Köchin. Wieder um einen Rang höher rückend, verließ ich nach einem Jahr den Dienstplatz Veit und verdingte mich als erster Knecht zu Johann Fisch, Bauer in Hunaberg. Mit achtzehn Jahren war ich noch verhältnismäßig jung für diese Stelle. Auf dem Hofe Fisch mußte ich mich bewähren, jede anfallende Arbeit erforderte ein vollendetes Können.

Das heikelste Thema im Jahre 1923 war die Lohnfrage. Das Geld verlor zusehends seinen Wert, die Inflation raste ihrem Höhepunkt zu und weil man von Heute auf Morgen nicht wußte, wie es weitergeht, war es ungemein schwer, einen vernünftigen Lohnsatz zu finden.

An dieser Stelle möchte ich noch einmal kurz an die Kriegsjahre 1914—18 erinnern. Gold, Silber und Nickelmünzen waren längst verschwunden und durch eiserne, bzw. einer Flut von Papierscheinen ersetzt. Die Auswirkungen des Krieges waren fünf Jahre nach dem Ende noch recht spürbar. Es herrschte weiterhin großer Mangel an verschiedenen Warengattungen. Papierstoffe, Brennesselstoffe kamen auf den Markt. Es entstanden trotz allem manchmal Situationen zum Schmunzeln, eine Frau wollte ein Wäschestück auskochen, dafür bekam sie eine Papiersuppe. Händler kauften alles mögliche Zeug, Tannenzapfen, die Rinde der Hundsbeersträucher, Buchenlaub, Maulwurfspelze usw. Ich sah einmal ein Päckchen Tabak (Grobschnitt) mit der Aufschrift „Schlawiner", der Inhalt war reines Buchenlaub. Tabak ist in allen Gärten gepflanzt worden, geraucht wurde alles, Klee, Nußbaumblätter, Brombeerblätter und vieles mehr. Zeiten waren das, à la prochaine. Nicht nur die Behörden, auch die Geistlichen auf den Kanzeln ermahnten die Gläubigen zur Herausgabe von Gold und Silbermünzen sowie allen anderen Metalle um, wie es hieß, das Vaterland zu retten. Schweren Herzens trennten sich die Hausfrauen vom Kupfer- und Messinggeschirr, welches blitzblank aufgereiht um den Herd hing. Als am Ende vom Metall der Kirchenglocken Kanonen und anderes Kriegsgerät geformt worden war, hatte der Moloch Krieg alles verschlungen. Die Parole hieß jetzt:

„Nie wieder Krieg".

Im Laufe des Jahres 1923 erreichte die Geldflut mit der Billion 1000 000 000 000 ihren Höhepunkt. Über Nacht hatte ein Billion Mark den Gegenwert von einer Rentenmark. Über Nacht hatten die Leute ihre ganzen Ersparnisse verloren. Am härtesten traf es die alten Menschen, mit einem Schlag waren sie bettelarm. Alle gemachten Versprechungen von seiten der höheren Stellen für die gebrachten Opfer, blieben leere Floskeln. Vom Lohn für die von mir in den rückliegenden Jahren geleistete Arbeit, konnte ebenfalls nichts gekauft werden. Vieler Hände Arbeit war umsonst getan.

Langsam stabilisierte sich die Wirtschaft auf feste Löhne und Preise. In der Landwirtschaft galt wie immer der Jahreslohn. Der Höchstlohn für den ersten Knecht betrug jährlich 200,– Mark, einen Sonntagsanzug, ein paar Schuhe und drei Hemden sowie Kost und Unterkunft. Ein sparsamer Dienstbote, der zum Jahresende am Lichtmeßtag möglichst wenig vom Jahreslohn abgehoben hatte und ein Sümmchen auf die Hand bekam, war stolz auf seine Ersparnisse, er genoß hohes Ansehen. Benötigte ein Dienstbote im Laufe des Jahres Geld, mußte er den Bauern darum ansprechen. Der Sonntagmorgen vor dem Kirchgang war der meistbenutzte Zeitpunkt. Der Bauer händigte den geforderten Betrag ohne jegliche Formalität aus und am Jahresende wußte jeder, woran er war. Von Unstimmigkeiten in dieser Beziehung ist mir kein Fall bekannt, weder von einem Bauern noch von einem Dienstboten. Stand der Bauer manchmal ebenso blank da wie der Knecht, auch das konnte vorkommen, mußte er in einer Woche versuchen, Geld zu bekommen. Man brauchte kein Luftikus zu sein, ein kleiner Leichtsinn genügte, um innerhalb der Jahresfrist den Lohn ohne große Anstrengung zu verjubeln.

Im Hause Fisch spielte die Religiosität eine gewichtige Rolle. Die täglichen Gebete zu den Mahlzeiten waren obligatorisch. In den Wintermonaten wurde vor der Abendsuppe ein Rosenkranz gebetet. Mit Ausnahme der Bäuerin, die am Herd zu tun hatte, knieten alle anderen, die Ellenbogen aufgestützt mit gefalteten Händen an den Bänken. Von einer Andacht konnte kaum die Rede sein, denn die Worte des Vorbeters waren teilweise ein unverständliches Gemurmel. Die Knechte, nicht gerade begeistert, alle Abende nach der Arbeit auf die Knie zu fallen, entzogen sich diesem Ritual durch irgend einen Vorwand, sei es, daß sie sich länger außerhalb des Hauses aufhielten oder aber auf die Abendsuppe verzichteten.

Man bedenke, meistens konnte der einzelne erst abends acht Uhr über sich selbst verfügen. Zu den Sitten jener Zeit möchte ich einiges anführen, was man sich unter keinen Umständen erlauben durfte. Im Hause Fisch hauste die Schwester des Bauern, genannt die Base, sie fütterte für sich zwei Kühe und ein Schwein und lebte allein im Austragshäusl. An einem heißen Sommertag mußten Gustl Heindl und ich Stallmist aufladen. Im ringsum mit Gebäuden umgebenen Hof herrschte eine brütende Hitze. Zur Erleichterung machten Gustl und ich unsere Oberkörper frei. Als die Base durch das Hoftor schritt und uns im halbnackten Zustand erblickte, beschimpfte sie uns als wären wir Verbrecher. Sie beruhigte sich erst, als wir wieder vollständig angezogen die Arbeit verrichteten. In diesem Zusammenhang will ich auch auf ein Erlebnis in Freudensee hinweisen. Ein junger Mann stand auf der Straße am See, bekleidet mit einer Badehose und blickte ins Wasser. Der Besitzer des Sees ging auf den Burschen zu und gab ihm zu verstehen, daß er, wenn er nicht Ärgernis geben wolle, in dieser Pose sich von der Verkehrsstraße entfernen müsse. Vor dem ersten Weltkrieg war es nicht erlaubt, daß Burschen und Mädchen mitsammen badeten, es wäre aber auch kein Mädel ins Wasser gestiegen worin sich Burschen befanden. Der Staffelbach war für die umliegenden Ortsbewohner das ideale Badewasser. Kamen zu der dafür ausgewählten Badestelle ältere Leute, wurden die Jüngeren vertrieben. Der Allgemeinheit stand in Danglmühle bei Hauzenberg ein, von der Gemeinde errichtetes aus Holz gezimmertes Häuschen, durch das der Bach hindurchfloß, zur Verfügung. Eine, im Innern angebrachte Flügelpumpe diente als Brause. Den Schlüssel zu diesem Dorado bekam man an gewissen Stellen ausgehändigt. Als sich nach dem Krieg und in den weiteren Jahren die Sitten und Gebräuche lockerten, wurde das für die Aufrechterhaltung der bestehenden Moral dienende Häuschen bedeutungslos und wurde abgebrochen. Wir Kinder badeten hauptsächlich im Unkenteich zwischen Fürsetzing und Garham.

Noch einmal zurück nach Hunaberg. Welche Rolle ich dort noch zu spielen hatte, möchte ich der Nachwelt nicht verschweigen. Während meiner Dienstzeit bei Fisch übergab der Bauer den Hof seiner Tochter Maria und ihrem Mann Johann Veit. (Der einzige Sohn von Fisch ist in Frankreich gefallen.) Der alte, in den siebziger Jahren stehende Fisch ging mit seiner Tochter Theres in den Austrag. Sich zur Ruhe setzen, konnte er nicht, bei jeder Arbeit war er mit dabei. Es ist bekannt, alteingesessene Bauernmenschen besitzen eine enorme Zähigkeit, einer von denen war der alte Bauer. Eines Tages holte man mich von einer Außenarbeit in die Wohnstube. In der Stube stand der Bauer mit einer blutüberströmten Hand, in der anderen hielt er ein Rasiermesser. Die Annahme, er habe sich beim rasieren eine Verletzung zugezogen, traf nicht zu, bald wußte ich mehr. Beim ausbessern eines Kellerkanals geriet er mit dem rechten Zeigefinger zwischen zwei Granitblöcke, wobei ihm das erste Glied des Fingers beinahe abgequetscht worden war. Er forderte eine seiner Töchter (die Anna) auf, das nur noch an Sehne und Fleisch hängende Stück mit dem Rasiermesser abzutrennen. Es war selbstverständlich, daß seine Tochter ablehnte. Den Rat, er solle zum Doktor gehen, wies er entschieden zurück. Mit derselben Aufforderung, die Fingerspitze abzutrennen, wandte er sich an mich. In der Überlegung, welche Folgen daraus entstehen könnten, lehnte ich ebenfalls ab, seinem Verlangen nachzukommen. So sehr ich mich gegen seinen Willen sträubte, um so mehr bedrängte er mich, schließlich gab ich nach. Ich nahm das Rasiermesser in meine Rechte, mit Daumen und Zeigefinger der linken Hand seine Fingerspitze, ein Schnitt, ein schwaches Zucken seinerseits und die Amputation war vollzogen. Wer vielleicht glaubte, diese Operation würde ihn eine geraume Zeit von der Arbeit abhalten, der irrte gewaltig, weil er die Konstitution dieses Mannes nicht kannte. Den wunden Finger, mit einem Leinwandstreifen verbunden, setzte er seine begonnene Arbeit fort. Der Kanal mündete im Hof unter dem Steingrand in die Mistlache. Trotz aller Vorsicht kam er mit Schlamm und Morast in Berührung. Bald zog er den Leinwandstreifen zur Hälfte durch diesen Mistbrei und, wer kann sich vorstellen, daß der wunde Finger ohne ärztliche Behandlung sowie ohne irgend einen Nachteil heilte?

Zwei Jahre diente ich bei Fisch-Veit in Hunaberg. Ich hatte um diese Zeit ein Alter erreicht, in dem es gerade noch früh genug war, mich um eine andere Beschäftigung umzusehen. Es blieb nicht aus daß ich mit Kollegen zusammentraf, welche in verschiedenen Berufen tätig waren. Der Gedanke von der Landwirtschaft wegzukommen, ließ sich nicht mehr verdrängen. Noch wußte ich nicht wie, wenn überhaupt, so gab es nur in der Steinindustrie die Möglichkeit, meinen gefaßten Entschluß verwirklichen zu können. Bevor ich in dieser Hinsicht etwas zu unternehmen im Stande war, verstrich noch eine geraume Zeit. Die Wendung vollzog sich auf dramatische Weise. Wieder einmal kamen Kräfte ins Spiel, die das Steuer herumrissen.

Lichtmeß 1925 wechselte ich den Dienstplatz. Matthias Öller in Eizingerreuth wurde mein neuer Herr. Dort trat ein Ereignis ein, das entscheidend zu meinem Vorhaben beitrug. Daß ich am Pfingstmontag nach dem Gottesdienst sofort den Weg nach Eizingerreuth antrat, dürfte ich als Ironie des Schicksals bezeichnen. Diesmal flüchtete ich nicht vor einer dunklen Vorahnung, ich ging ihr vielmehr entgegen. Der Bauer, mit Sehnsucht auf mich wartend, stand hinterm Haus, zeigte auf einen Birnbaum, wo im Geäst ein Bienenschwarm hing. Er fordete mich auf, ihm beim einfangen zu helfen. Nachdem ich gegessen und mich umgezogen hatte, machten wir uns ans Werk. Der Birnbaum stand an der Breitseite des Hauses, hoch oben an einem Ast summten die Bienen. Nach reichlicher Überlegung stiegen wir auf das Hausdach, lehnten von dort eine Leiter an den Ast und kletterten langsam Sprosse um Sprosse lautlos, um die Bienen nicht zu erschrecken, nach oben. Ich, ein altes hohes Bienenfaß auf der Schulter voran, der Bauer hinter mir drein. Beinahe am Ziel, brach der Ast an dem die Leiter lehnte, dann landeten wir krachend und polternd an unserem Ausgangspunkt. Während ich sofort auf die Erde aufschlug, fiel der Bauer zuerst auf das Dach und dann hinter mir her. Eine Weile atemlos daliegend, vernahm ich wie aus weiter Ferne das Gejammer der Zuschauer.

Keinerlei Schmerz verspürend, erhob ich mich alsbald. Der Bauer stand neben mir, der gebrochene Ast, die Leiter und das leere Bienenfaß lagen als stumme Zeugen neben uns. An die Bienen, die inzwischen das Weite gesucht hatten, dachte niemand mehr. Nach einiger Zeit verspürte ich einen stechenden Schmerz in der rechten Schulter, er hatte zur Folge, daß ich den Arm nicht mehr bewegen konnte. Der Arzt, den ich aufsuchte, stellte eine schwere Prellung fest. Was sollte ich tun? Ich hatte kein Zuhause, als Arbeitsunfähiger wollte ich beim Bauer nicht bleiben. Ich ersuchte den Arzt, er möge mich in ein Krankenhaus einweisen. Herr Dr. Rabl in Hauzenberg gewährte mir die Bitte und schrieb die Überweisung ins Krankenhaus nach Hutthurm. Als ich am ersten Morgen im Krankenzimmer erwachte, war draußen ein strahlend schöner Sommertag. Die Morgensonne schien bereits ins Zimmer, wo ich behütet und aufs beste versorgt vierzehn Tage zubrachte. Ich muß gestehen, daß nach siebenjähriger Arbeit auf den Bauernhöfen diese Tage meine schönsten waren. Gut ausgeheilt ging ich wieder zu Öller nach Eizingerreuth (Foto oben, 1925). Sofort unternahm ich die nötigen Schritte, meinen gefaßten Beschluß von der Landwirtschaft wegzugehen, zu verwirklichen.

Mein Vetter Georg fungierte als Steinbruch-Polier bei der Firma Jahn, im Betrieb Weide bei Wotzdorf. Vor einer Wirtschaft in Hauzenberg wo ich wußte, daß er gewöhnlich dort verkehrt, lauerte ich auf ihn. Auf die Frage nach Arbeit, setzte er eine Frist von vierzehn Tagen. Über diesen Bescheid war ich voller Zuversicht. Da ich kein Zuhause hatte, mußte ich jemanden finden, der mich in Kost und Wohnung aufnahm. Bei meiner Tante Franziska fand ich notgedrungen vorübergehend eine Bleibe. Nur der Vater sah den Wechsel nicht gerne, doch seiner Bevormundung war ich entwachsen und kein noch so großer Widerstand konnte mich davon abhalten. Beim Bauer Öller gab es keine Schwierigkeit, ich ging weg und der Fall war erledigt. So wie der Bauer einen Knecht ohne viel Grund entlassen konnte, durfte auch der Knecht ziehen wie und wann es ihm beliebte. Mit einem Arbeitsamt hatte keiner zu tun.

Mit der Arbeitsaufnahme im Juli 1925 als Hilfsarbeiter bei Firma Hermann Jahn Berneck, Betrieb Weide bei Wotzdorf begann ein neuer Lebensabschnitt.

Die verflossenen Jahre waren insofern positiv zu bewerten, weil ich während der schlimmsten Hungerjahre genug zu Essen hatte, ansonsten waren die sieben Jahre Dienstbotenzeit ohne materiellen Gewinn. Das Wissen um das Dasein eines alten Dienstboten und die damit verbundenen Lebensbedingungen hatte ich zu tief im Gedächtnis. Ich stand auf der Stufenleiter wieder ganz auf der untersten Sprosse. Meine finanzielle Lage verbesserte sich kaum. Der Verdienst war gering, ein Hilfsarbeiter verdiente pro Stunde 0,42 M. (i.W. zweiundvierzig Pfennig). Für Kost und Wohnung mußte ich wöchentlich 10,— M. (i.W. zehn Mark) entrichten. Rechnete man die sozialen Abzüge hinzu, schmälerte sich das Netto-Einkommen beträchtlich. Es ist leicht überschaubar, wieviel bei achtundvierzig-stündiger Arbeitszeit in der Woche herauskam. 1 l Bier kostete 0,50 M. An heißen Tagen schlurften die Arbeiter im Steinbruch Wasser, 1 Semmel kostete fünf Pfennig, 1 dünne Scheibe Leberkäse oder Preßack zehn Pfennig, also, Brotzeitmachen lohnte sich nicht. In den Kantinen ist angekreidet worden, vielleicht manchmal über den Konsum, am Samstag mußte die Rechnung beglichen werden. Sehr viele Arbeiter gingen oft ohne Geld nach Hause. Verdienst-Ausfall durch Schlechtwetter war ein empfindlicher Verlust. Für einen gewöhnlichen Tagelöhner reichte das Geld nicht Hinten und nicht Vorne, ganz zu schweigen für Vergnügungen. Viele Arbeiter huldigten dem blauen Montag bei einem Faß Bier, mochte hinterher kommen was wollte, für einige Stunden waren triste Gedanken verscheucht.

A propos Vergnügen.

Wenn ich bis hierher von meist Unerfreulichem berichtet habe, so mag sich wohl der Leser fragen, ob es denn in meinem bisherigen Leben überhaupt keine heiteren Abschnitte gab. Ich muß gestehen, lieber Leser, sehr wenige und so unbedeutend, daß sie in den vorliegenden Seiten keine Erwähnung verdienen. Freilich, niemand hätte mich abhalten können, an festlichen Veranstaltungen teilzunehmen, mit zwanzig Jahren war ich alt genug, dem ausgelassensten Treiben beizuwohnen. Als ich mich einmal bei einer geselligen Runde anschickte, frühzeitig wegzugehen, stellten mich die Tischgenossen zur Rede und meinten: Wie bringst du es fertig, uns zu verlassen, wenn die Stimmung am höchsten ist. Nun, ich kannte den Grund, mein Taschengeld erlaubte keinen längeren Aufenthalt. Ich hatte keinen Menschen, von dem ich eine kleine Vergünstigung hätte erhoffen können, durfte mir also nicht erlauben, über den Strang zu schlagen. Ich mußte am Ende der Woche mein Geld auf den Tisch legen. Diese Tatsache drängte mich in die Rolle des Außenseiters aber auch zum Pessimismus. Ich fühlte mich zwar nicht von der Gesellschaft ausgeschlossen, weil ich zu früh gelernt habe, die Kehrseite der Dinge zu betrachten. So kann ich nach diesen Tatbeständen behaupten, daß sich auf Grund dieser Basis meine späteren Erfolge aufbauten. Es mag als Materialismus empfunden werden, wenn ich mir die schrecklichen Worte vorstelle die der Gelehrte Euripides schon vor 2000 Jahren sagt: „Arm sein heißt mißachtet und ehrlos sein." Und ein andermal:

Mein Bruder 1926

M.Bauer 1926

„Auch der Sklave wird geehrt wenn er zu Reichtum kommt." Und Platon: „Der arme Mann hat nichts zu sagen." (Aus Geschichtsbüchern entnommen.)

Auf den verstreuten Dörfern einer ländlichen Pfarrei gab es außer den üblichen Zusammenkünften an Sonn- und Feiertagen keine bemerkenswerten Ereignisse. Mit dem Näherheranrücken an den Markt Hauzenberg betrat ich, im Gegensatz zu meinen bisherigen Erlebnissen, ein Neuland. Theateraufführungen, Bälle und sonstige Tanzveranstaltungen habe ich bis zu meinem zwanzigsten Lebensjahr nicht gesehen. Deshalb hatte ich den Wunsch, ein Theaterstück, aufgeführt von Mitgliedern des christlichen Arbeitervereins Hauzenberg, zu besuchen. In meiner Naivität glaubte ich, im Besitz einer Eintrittskarte sei die Voraussetzung zum Theaterbesuch erfüllt. An einem Samstag-Abend war es so weit. Ich machte mich zurecht, zog mich an wie an einem Sonntag-Nachmittag auf dem Lande, ging in freudiger Erwartung nach Hauzenberg in der Hoffnung, dort einen schönen Abend zu erleben. Als ich im Gasthof zur Post (Jos. Stemplinger) an der Kartenausgabe stand und einen Blick in den mit Menschen halbgefüllten Saal warf, erschrak ich dermaßen, daß ich auf der Stelle kehrt machte und sofort nach Hause ging. Die wohlhabenden Bürger saßen da in ihren besten Anzügen angetan mit Kragen und Binder, die Frauen nicht minder elegant. Geblendet von soviel Vornehmheit kam ich mir vor wie ein schäbiger Handwerksbursch. Ich habe mir mit meinem Auftritt selbst ein Theater vorgespielt das alles andere übertraf. Wieder sah ich den Gegensatz in der Gesellschaft wo der Mammon nie aufhört, seine Rolle zu spielen.

Nach einem Jahr als Hilfsarbeiter unterwies mich Vetter Georg im Steinhauer-Handwerk. Zunächst lernte ich das spalten der großen Granitblöcke. Die Zeit der Anlernung dauerte ein Jahr. In meinem Alter, in dem meine Kollegen als Steinmetze und Pflasterer gutes Geld verdienten, war ich ein Lehrling. 1927 ging ich zu Firma Münch, Betrieb Wotzdorf-Kronreuth. Dieser Wechsel brachte mir einerseits einen höheren Stundenlohn und zum anderen mehr Kenntnisse im Handwerk. Als nach Ablauf eines Jahres die Firma Münch mit Absatz- und Zahlungschwierigkeiten zu kämpfen hatte, nahm mich mein Vetter wieder zu sich. Als erfah-

rener Steinhauer erhielt ich den Tariflohn von fünfzig Pfennig pro Stunde. Kurz danach ist Vetter Georg an einer heimtückischen Krankheit gestorben. Er war der einzige Mensch, der mir half mein Leben umzugestalten. Die letzten Anweisungen und Ratschläge für den Beruf erteilte er mir an seinem Krankenbett. Sein Tod traf mich empfindlich, ich trauerte aufrichtig um ihn.

Es wäre alles in schönster Ordnung gewesen, wenn, ja wenn nicht schon 1928 die große Welt-Wirtschafts-Krise ihre dunklen Schatten vorausgeworfen hätte. Kurzarbeit (ohne Ausgleich), Lohnreduzierung auf neununddreißig Pfennig pro Stunde und Stillegung vieler Betriebe waren die Folgen. Dann befand ich mich unter dem großen Heer der Arbeitslosen. Die Hauptunterstützung für eine alleinstehende Person betrug etwa zwölf Mark pro Woche. Wenn dieser Betrag gerade noch für das Essen ausreichte, so konnte ich mit der Wohlfahrtsunterstützung von fünf Mark und achtzig Pfennig pro Woche nicht mehr viel anfangen. Bald sah ich ein, daß der Aufenthalt bei meiner Tante in Steinberg nicht von langer Dauer sein konnte. Die fünfköpfige Familie, der enge Raum und weitere Umstände bewirkten, daß ich ungefähr vier Jahre bei Matthias Stemplinger in Steinberg wohnte. Gelegentliche Arbeiten bei einem Bauern halfen über den größten Notstand hinweg.

Der ganzen Misere überdrüssig, fuhr ich im Frühjahr 1931 nach Thüringen. Max Url, der Sohn vom Vetter Georg vermittelte mir Arbeit in einem Steinbruchbetrieb der Firma Bornschein. Dort arbeitete ich etliche Wochen, dann packte mich die Abenteuerlust und ich ging auf Wanderschaft. Meine Wanderung führte mich durch Thüringen und Sachsen-Brandenburg, nach Potsdam und Berlin. Auf den Landstraßen wimmelte es von Wanderburschen. Ich lernte sehr viele kennen, ging manchmal einige Tage mit einem scheinbar mir gleichgesinnten, trennte mich bald wieder und blieb die meiste Zeit allein. Die Herbergen waren stets überfüllt. In Berlin, irgendwo in dieser Millionenstadt fand ich am Boden diese Fahrkarte und fuhr damit durch die Stadt zum Obdachlosen-Asyl in die Fröbelstraße. Es war schon spät am Abend als ich dort ankam und um Obdach nachsuchte. Mit, tut mir leid, das Haus ist für diese Nacht belegt, ließ mich der Pförtner im Vorraum stehen. Im selben Moment tauchte noch ein Kumpel auf, der ebenfalls übernachten wollte. Da er denselben Bescheid bekam, blieben wir beide im Vorraum. Zur Sperrstunde wurden wir höflich aufgefor-

Der ganzen Misere überdrüßig, fuhr ich im Frühjahr 1931 nach Thüringen. Max Url, der Sohn vom Vetter Georg vermittele mir Arbeit in einen Steinbruchbetrieb der Firma Bornschein. Dort arbeitete ich etliche Wochen dann packte mich die Abenteuerlust und ging auf Wanderschaft. Meine Wanderung führte mich durch Thüringen und Sachsen Brandenburg und Potsdam nach Berlin. Auf den Landstraßen wimmelte es von Wanderburschen. Ich lernte sehr viele kennen, ging manchmal einige Tage mit einen scheinbar mir gleichgesinnten, trennte mich bald wieder und blieb die meiste Zeit allein. Die Herbergen waren stets überfüllt. In Berlin, irgendwo in dieser Millionenstadt fand ich

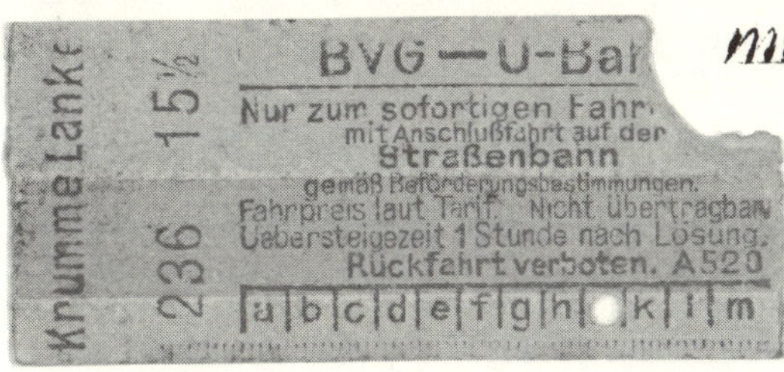

am Boden diese Fahrkarte und fuhr damit durch die Stadt zum Obdachlosen—Asyl in die Fröbelstraße. Es war schon spät am Abend als ich dort ankam, und um Obdach nachsuchte. Mit, tut mir Leid, das Haus ist für diese Nacht belegt, ließ mich der Pförtner im Vorraum stehen. Im selben Moment tauchte noch ein Kumpel auf der ebenfalls übernachten wollte. Da er denselben Bescheid bekam, blieben wir beide im Vorraum. Zur Sperrstunde wurden wir höflich aufgefordert das Gebäude zu verlassen. Die Uhr zeigte die zehnte Abendstunde, wo sollten wir hin um diese Zeit ? Während der andere sich weigerte und laut zu protestieren begann, schlenderte ich langsam zum Ausgang. Der Bursche schimpfte immer heftiger und wollte unbedingt bleiben. Ich sagte kein Wort. Plötzlich standen drei Bärenstarke, in weiße Mäntel gekleidete, Männer vor uns, jeder mit einen Handfesten Gummiknüppel. Wie auf Kommando schlugen sie auf den Burschen ein. Heulend hastete er den vermeintlichen Ausgang zu, verirrte sich und lief ihnen noch einmal in die Hände. Nach einer zweiten Tracht Prügel jagten sie ihn zum Tor hinaus. Bis dahin blieb ich unbehelligt, ich schielte nach Rechts und nach Links, gefaßt auf meine Prozedur.

136(B)

Als sich die Männer nach mir umsahen vernahm ich die Worte: Dieser verhielt sich ruhig somit verläßt er ungestraft das Haus. Ich kann den Männern meine Achtung nicht versagen, nicht deswegen weil sie stark und mächtig waren sondern weil sie mein Verhalten respektierten und mich unangetastet hinausbegleiteten. Sie gingen mit mir bis vor das Tor, dann stand ich im Lichtermeer auf der regennassen Straße in Berlin bei Nacht.

Aus einen kleinen Nickerchen auf einer Parkbank rüttelte mich ein Schutzmann mit der Aufforderung weiterzugehen. Als es nach durchwanderter Nacht hell geworden war erkannte ich daß ich mich im Norden der Stadt befand. Hinter einer schutzbietenden Hecke schlief ich mich aus. Auf der Weiterreise traf ich einen Kumpel mit dem ich mich sehr gut verstand, wir blieben beisammen bis wir dann in einer unsauberen Herberge von Ungeziefer befallen worden waren. Ich wollte mich mit diesen lästigen Viechern (Läusen) nicht herumquälen und beschloss dert, das Gebäude zu verlassen. Die Uhr zeigte die zehnte Abendstunde, wo sollten wir hin um diese Zeit? Während der andere sich weigerte und laut zu protestieren begann, schlenderte ich langsam zum Ausgang. Der Bursche schimpfte immer heftiger und wollte unbedingt bleiben. Ich sagte kein Wort. Plötzlich standen drei bärenstarke, in weiße Mäntel gekleidete Männer vor uns, jeder mit einem handfesten Gummiknüppel. Wie auf Kommando schlugen sie auf den Burschen ein. Heulend hastete er dem vermeintlichen Ausgang zu, verirrte sich und lief ihnen noch einmal in die Hände. Nach einer zweiten Tracht Prügel jagten sie ihn zum Tor hinaus. Bis dahin blieb ich unbehelligt, ich schielte nach rechts und nach links, gefaßt auf meine Prozedur. Als sich die Männer nach mir umsahen, vernahm ich die Worte: Dieser verhielt sich ruhig, somit verläßt er ungestraft das Haus. Ich kann den Männern meine Achtung nicht versagen, nicht deswegen, weil sie stark und mächtig waren sondern weil sie mein Verhalten respektierten und mich unangetastet hinausbegleiteten. Sie gingen mit mir bis vor das Tor, dann stand ich im Lichtermeer auf der regennassen Straße in Berlin bei Nacht.

Aus einem kleinen Nickerchen auf einer Parkbank rüttelte mich ein Schutzmann mit der Aufforderung wach, weiterzugehen. Als es nach durchwanderter Nacht hell geworden war, erkannte ich, daß ich mich im Norden der Stadt befand. Hinter einer schutzbietenden Hecke schlief ich mich aus. Auf der Weiterreise traf ich einen Kumpel, mit dem ich mich sehr gut verstand. Wir blieben beisammen, bis wir dann in einer unsauberen Herberge von Ungeziefer befallen worden waren. Ich wollte mich mit diesen lästigen Tierchen (Läusen) nicht herumquälen und beschloss, zur Entlausungs-Station nach Wittenberge zu gehen. Uns gegenseitig das beste wünschend gingen wir mit gemischten Gefühlen auseinander. Auf meiner weiteren Deutschlandreise habe ich seinesgleichen nicht wieder gefunden. Desinfiziert und gebadet, marschierte ich durch Mecklenburg nach Hamburg. Die Reeperbahn, den Elbtunnel und das Bismarckdenkmal ließ ich mir nicht entgehen zu besichtigen. Im Lande Lauenburg, (Schleswig-Holstein) liegt das Städtchen Mölln. In seinen Mauern starb der Schalk Till Eulenspiegel. Auf einem Grabmal ist sein Name und das Todesjahr 1350 eingemeißelt. Der Grabstein befindet sich in der Kirche zu Mölln. Wie mir der Küster erzählte, hat man den Stein, um ihn in seiner Ganzheit zu erhalten, vom Friedhof weggenommen und in die Kirche versetzt, weil Touristen immer wieder versuchten, Stücke davon abzusprengen und als Andenken mitzunehmen. Wanderer, kommst du nach Mölln, versäume nicht diese Stätte zu besuchen. Ich bin durch Zufall in diese Gegend gekommen.

Von Hamburg aus durch die Lüneburger Heide war mein nächster Tripp. Ein kurzer Aufenthalt bei einem Heidebauern zur Kartoffelernte, zauberte etliche Groschen in die meist leeren Taschen. Der Bauer zahlte einen angemessenen Lohn und gab gutes Essen. Weiter ging es nach Celle, Hannover, Bielefeld. In Bethel bei Bielefeld befand sich die Sammel-Herberge für Tippelbrüder. Auf dieser Route kam ich vorbei am Weserdurchbruch bei Minden, Porta Westphalika. Die Herberge in Bethel war eine von Herrn Bodelschwing ins Leben gerufene Institution, geleitet von einer evangelischen Körperschaft. Wanderburschen machten dort vierzehn Tage Station. Während dieser Zeit mußte man irgendwelche Arbeiten verrichten, wofür von der Anstalt an Gegenleistung Unterkunft, Verpflegung und wenn nötig Kleidung und Schuhe erneuert wurden. Bei meinem Aufenthalt fand zu Ehren des Herrn Bodelschwing eine Feier statt. Nach dem Gottesdienst (ev. Kirche) gingen wir unter Führung einiger Herren zum Friedhof. Nicht so sehr die Feierlichkeiten waren es, die unsere Aufmerksamkeit auf sich zogen, sondern die Kleidung, die wir dazu trugen. In schwarzen Hosen und Frack, leihweise von der Anstalt ausgegeben, marschierten wir (etwa dreißig Mann) unter witzigen Bemerkungen in Reih und Glied durch den Ort zum Grabe des Herrn Bodelschwing. Nie wieder im Leben bot sich eine Gelegenheit einen Frack-Anzug zu tragen, wie schade, daß ich kein Photo davon besitze. Über Kassel wanderte ich weiter nach Thüringen. Auf der Herberge in Sonneberg sah ich einen, mir bekannten Kumpel. Ich täuschte mich nicht, er war es mit dem ich in Berlin aus dem Asyl mußte. Auch er hatte diese Nacht noch gut im Gedächtnis, gekannt hätte er mich nicht wieder. Nach einem kurzen Besuch bei meinen Verwandten ging ich zurück ins Bayerische. Am weißblauen Grenzpfahl zog ich den Hut und grüßte mit einem Juchzer mein Heimatland Bayern.

Die Natur zeigte schon die Spuren des Herbstes, an trüben Tagen fiel mitunter Schnee, ich befand mich in der Rhön. Eines Tages, ungehalten über die schlechte Witterung, stand ich eine Weile an einer Straßengabelung, unschlüssig, welche Richtung ich wählen sollte. Die Entscheidung fiel, als ein älterer Mann des Weges kam, bei dem ich sofort erkannte, daß es sich um einen Tippelbruder handelte. Er forderte mich auf mitzugehen. Da er mir nicht gerade unsympathisch erschien, ging ich mit ihm. Ich brauchte es nicht bereuen, er war ein alter Hase, der alle Schliche kannte. Zuerst machten wir einen Abstecher auf den Kreuzberg in der Rhön. Während in den Tälern um Bischofsheim und Bad Brückenau die Wiesen noch im sanften Grün leuchteten, lag auf dem Berge tiefer Schnee. Im behaglichen Klosterstübchen bewirteten uns die Mönche mit Essen und Bier aus eigener Brauerei. Einige Tage trieben wir uns in der Gegend umher bis wir uns dann in Würzburg trennten.

Bevor ich nach Süden abging, durchstreifte ich die fränkische Schweiz und das Fichtelgebirge, berührte die Städte Bamberg, Bayreuth, Kulmbach, Berneck und Wunsiedel. Daraufhin wanderte ich durch die Oberpfalz in den Bayerischen Wald. Vor Weihnachten kam ich in meiner Heimat an.

In Westphalen gab es mustergültig geführte Herbergen. Wer sich in die vorgeschriebenen Ziele einordnete, fand überall saubere Unterkünfte mit guter Verpflegung. In diesen Wander-Herbergen herrschte peinliche Ordnung ohne jegliche Schikane. Für die Abgeltung der Betreuung mußte man nach dem Frühstück etwa zwei

Stunden arbeiten. Holzhacken, Straßenfegen oder Räume reinigen waren die gebräuchlichsten. Nach der Arbeit bekam man die Personalpapiere mit der Angabe des nächsten Wanderziels. Der Stempel im Wanderbuch war von besonderer Wichtigkeit, er bürgte nämlich für ein sicheres Alibi. Auf Grund meiner ordentlichen Papiere nahm die Polizei wenig Notiz von mir.

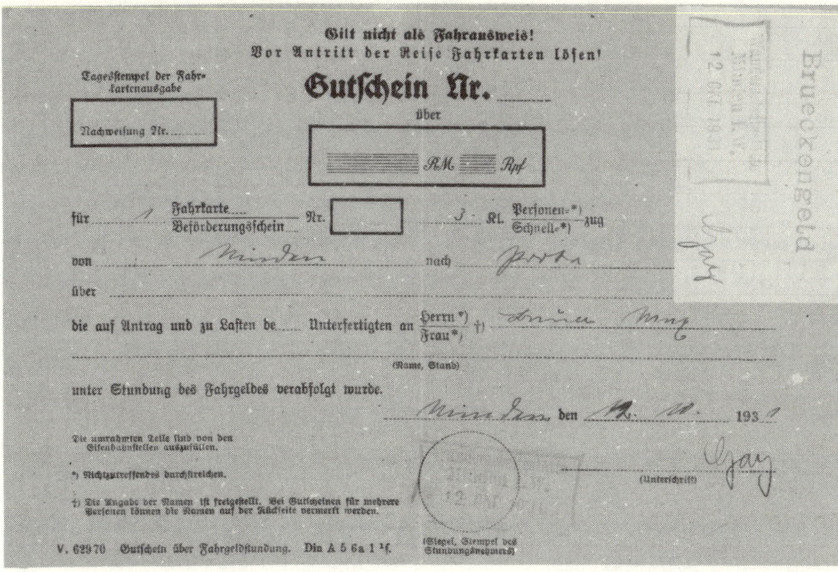

Gilt nicht als Fahrausweis!
Vor Antritt der Reise Fahrkarten lösen!

Tagesstempel der Fahrkartenausgabe

Nachweisung Nr. ......

Gutschein Nr. ......

über

RM Rpf

für 1 Fahrkarte / Beförderungsschein Nr. 3. Kl. Personen-*) / Schnell-*) zug

von ...... nach ......

über ......

die auf Antrag und zu Lasten de.... Unterfertigten an Herrn*) / Frau*) †) ......

(Name, Stand)

unter Stundung des Fahrgeldes verabfolgt wurde.

...... den 1931

Die umrahmten Teile sind von den Eisenbahnstellen auszufüllen.

*) Nichtzutreffendes durchstreichen.

†) Die Angabe der Namen ist freigestellt. Bei Gutscheinen für mehrere Personen können die Namen auf der Rückseite vermerkt werden.

(Siegel, Stempel des Stundungsnehmers)

(Unterschrift)

V. 62970 Gutschein über Fahrgeldstundung. Din A 5 6a 1 ¹f.

12. OKT 1931

Brueckengeld

Die Herbergen lagen ungefähr zwanzig Kilometer voneinander entfernt, bei einer längeren Strecke lag bei den Papieren ein Gutschein für einige Kilometer Eisenbahnfahrt.

Die Feststellung, daß ich Daheim eintraf, stimmt nur soweit, daß ich die Gegend wohl als meine Heimat bezeichnen durfte, aber ich hatte kein Heim, mich erwartete niemand. Notgedrungen fand ich wiederum bei meiner Tante Franziska in Steinberg eine Bleibe. Der nächste Schritt galt dem Arbeitsamt Passau. Die Lage verschlechterte sich weiterhin. Arbeit zu bekommen war aussichtslos. Die Unterstützung reichte wiederum kaum zum Leben. Eine leise Andeutung von meiner Tante ließ erkennen, daß es auf die Dauer so nicht weitergehen könne. Ich sah das ein, was tun? Nach wiederholter Überlegung durchzuckte mich plötzlich ein

Gedanke wie ein Geistesblitz. Wie auf einem Filmstreifen zogen die Bilder meiner Kindheit vorüber, mich dabei fragend, was hast du als Junge alles erlebt? Hast du vergessen, was dir deine Mutter gelernt hat? Nein, ich hatte nichts vergessen. In diesem Augenblick wußte ich, woran ich war. Ein Plan zur Erreichung einer größeren Unabhängigkeit nahm immer deutlichere Formen an. Ich wußte, daß im Hause Schätzl in Fürsetzing ein Mansardenzimmer leer stand. Dieses Zimmerchen für mich allein zur Verfügung zu haben, war mein Bestreben. Um keine Zeit zu verlieren, ging ich sofort zu den Eheleuten Schätzl. Nachdem ich ihnen mein Anliegen vorgetragen hatte, wollten sie wissen, ob ich wohl die Absicht habe zu heiraten. Daran dachte ich nicht im entferntesten, die Umstände hätten es garnicht erlaubt. Bald waren wir uns einig, an Miete mußte ich monatlich 4,— Mark entrichten. Als ich von ihnen wegging, hatte ich die Gewissheit, sofort einziehen zu dürfen. Mein Vorhaben sprach sich schnell herum, war es doch selten in unserer Gegend, wenn ein Junggeselle für sich ein Zimmer mietete.

Mit Zuversicht ging ich ans Werk. Meine ganze Habe knüpfte ich in ein Bettuch, warf das Bündel über die Schulter und trabte meiner zukünftigen Bleibe entgegen. Die Sachen sind schnell aufgezählt. Ein dünnes Oberbett, ein Kissen, ein schäbiger Anzug, etliche zerschlissene Hemden und das, was ich auf dem Leibe trug. Die Beiden Lieblingsinstrumente, Zither und Posaune, mit denen ich mir die Zeit vertrieb, muß ich extra erwähnen. Nicht verschweigen möchte ich, daß ich auch Schulden mitgenommen habe, es war unmöglich seinen Verpflichtungen gerecht nachzukommen. Für die Einrichtung mußte ich einiges besorgen. Franz Schauer von Fürsetzing verkaufte mir ein Bettgestell, Preis fünfzehn Mark. In der Bäckerei Krenner erwarb ich für wenig Geld einige Jutesäcke, von denen Frau Hedwig Penz einen Strohsack nähte. Hedwig, zu mir verwandt, machte in den folgenden Jahren meine Wäsche. Viele gemütliche Stunden verbrachte ich bei der Familie Penz in Steinberg, ich war dort ein gern gesehener Gast.

Für meinen bescheidenen Bedarf standen vom Hausherrn ein Kochherd, ein Tisch und zwei Stühle im Zimmer. Kochtöpfe und sonstige Kleinigkeiten waren billig. Jetzt war ich in meinem Reich, mein Leitspruch war:

„Habe ich zu Essen, sieht es niemand,
Habe ich nichts zu Essen, sieht es auch niemand."

Bald normalisierte sich mein Hausstand. Nach und nach bekam ich immer mehr Erfahrung in der Kochkunst und der Zubereitung der Speisen. Leute mit geregeltem Einkommen durften zufrieden sein. Lebensmittel und Gebrauchsgüter waren wegen geringer Nachfrage sehr billig, wenn auch ein Ei auf dem Lande nur 0,03 M. (drei Pfennig) kostete, mußte ich mich mit 5,80 M. Unterstützung in der Woche dennoch anstrengen, meinen Haushalt zu bestreiten. Drei Jahre war ich ohne Erwerb, die Arbeitslosen-Ziffern überstiegen in Deutschland die fünf Millionen-Grenze. Ich stand wiederum wie 1923 vor der Stunde Null. Waren das die „Goldenen Zwanziger Jahre", von denen heute noch oft gesprochen wird? Es erhebt sich die Frage, wer trug mit dazu bei, einem kommenden Regime den Weg zur Macht zu bereiten? Mit Heil und Sieg taumelte Deutschland in eine neue Zeit. Ich habe mich von Politik fern gehalten, mir fiel es schwer genug, wenn ich mit erhobener Hand grüßen mußte. Nach der Machtergreifung durch Hitler am 30. Januar 1933 machte sich zögernd eine Besserung bemerkbar. Parteigenossen wurden als Erste in den Arbeitsprozeß eingegliedert. Das Arbeitsamt vergab Notstandsarbeiten. Somit schwand Jahr für Jahr die Zahl der Arbeitslosen, sodaß man im Jahre 1936 von Vollarbeit sprechen konnte. Ich ging wieder meiner Arbeit nach, wechselte gelegentlich den Arbeitsplatz, wodurch ich im Handwerk weitere Kenntnisse erwarb. Die Jahre gingen dahin, vom vergangenen Notstand befreit, kümmerte ich mich wenig um das politische Geschehen, bin aber auch nie aufgefordert worden, der N.S.D.A.P. beizutreten. Da in den Jahren der Arbeitskrise so gut wie nichts gekauft werden konnte, mußte ich vieles nachholen. Die Ereignisse in Deutschland nach 1933 sind

bekannt, die Junge Generation mag sich ausgiebig darüber informieren. Was auf uns Deutsche zukam, konnte sich jeder vernünftig-denkende Mensch ausmalen. Wir stolperten blindlings in die Zukunft.

In meiner Jugend sah ich im Soldaten das Idealbild schlechthin. 1926 meldete ich mich als Freiwilliger zur Reichswehr. Als bedingt tauglich bin ich auf sechs Monate zurückgestellt worden. Von einer weiteren Bewerbung machte ich keinen Gebrauch. Bei meiner zweimonatlichen Ausbildung in Freising verabscheute ich schon am ersten Tag das Geplärr der Unterführer und die arroganten Gesichter der Haupt-Leute. Die acht Wochen vom 9. Mai — 9. Juli 1938 schienen mir wie eine Ewigkeit. Nach der Entlassung wußte ich welchen Drill der Soldat benötigt, um vorbehaltlos fürs Vaterland zu sterben. Ohne Ahnung, was mir auf diesem Gebiet noch alles begegnet, war ich um eine Erfahrung reicher.

Der Straßen- und Autobahnbau zeigte überall Fortschritte und wurde weiterhin vorangetrieben. Sehr viele Arbeiter fanden dabei eine Beschäftigung. Von Freising zurück, reiste ich sofort mit anderen Kollegen aufs gratewohl nach Piding bei Bad Reichenhall. Zum erstenmal in den bayerischen Bergen, gefiel es mir so gut, daß ich unter keinen Umständen mehr weg wollte. Um am Autobahn-Brücken-Bau als Steinmetz unterzukommen, mußte ich vom Arbeitsamt Traunstein die Zuweisung einholen. Mir persönlich verweigerte das Arbeitsamt die Zuweisung, erst als sich die Firma Wahler darum bemühte, ging es in Ordnung. Als Steinmetz auf der Autobahn steigerte sich mein Einkommen beträchtlich. Es fehlte mir an nichts, mein Bruder hatte seinen Beruf, der Vater eine auskömmliche Rente und durch mich einen Zuschuß als Trennungsgeld. Es wäre wieder einmal zu schön gewesen, hätte es nicht schon am Politischen Horizont ein gefährliches Wetterleuchten gegeben. Österreich war angeschlossen, man spürte, daß noch weitere Schritte nach Osten folgen werden.

Eines Abends, ich wurde aus dem Schlaf gerüttelt, stand am Fenster meiner Unterkunft in Piding-Au ein Feldwebel in Begleitung eines Unterführers mit der Order, ich habe mich am folgenden Tag um 7 Uhr früh in der Jägerkaserne Strupp bei Bad Reichenhall zu melden. Es war soweit, der Einmarsch ins Sudetenland begann.

Ohne Vorbereitung diesem Befehl folgend, kam ich mit einer Schuhbürste im Koffer in die Kaserne. Die Zusammenstellung der Mannschaften und Geräte war schon in vollem Gange. Der Transportzug rollte im sonnigen Herbsttag 1938 von Reichenhall nach Passau. Nach Ankunft im Hauptbahnhof erfolgte sofortiger Weitermarsch über die Donaubrücke ans linke Ufer des Flusses, Donau abwärts. In Löwmühle bogen wir links ab in Richtung Thyrnau. Als wir Thyrnau passiert hatten, wurde ich doch stutzig, ich war ja der einzige von dieser Gegend. Beinahe ging es auf Mitternacht, sollten wir vielleicht in Hauzenberg Quartier beziehen? Endlich in Lieblmühle hieß es „Halt." Die Mannschaften wurden in die umliegenden Orte verteilt. Ich überraschte in Oberdiendorf die Eheleute Madl als ich um 2 Uhr Nachts an ihrer Haustür in Uniform vor ihnen stand. Zu zweit bezogen wir bei Rupert, den ich seit meiner Kindheit kannte, Quartier. Einzelheiten waren schnell erzählt, nach einem kleinen Imbiß krochen wir in die Betten und ruhten bis in den späten Vormittag. In Oberdiendorf, wo ich zwei Jahre die Volksschule besuchte, gab es ein Zwischenspiel mit gerade noch glimpflichem Ausgang. Nach der Wachablösung in Lieblmühle, es war Sonntag, mußte ich bei der Rückkehr in mein Quartier vorbei an der Gastwirtschaft Amsl. Beim näherkommen vernahm ich zu deutlich die Stimmen der gemütlichen Zecher, es zog mich an. Kurz entschlossen ging ich in die Gaststube. Dort empfingen mich meine Schulfreunde und Arbeitskollegen mit großer Begeisterung. Von allen Seiten prostete man mir zu. Ich lehnte den Karabiner in eine Ecke, hing Koppel und Stahlhelm dazu und setzte mich auf den angebotenen Platz. Wie ein Phänomen stand plötzlich der Fähnrich mitten im Gastzimmer. Das Gewehr in der Ecke zog ihn an, er ging darauf zu, nahm es an sich, öffnete das Schloss und zum Vorschein kamen die fünf schar-

Freising 1938

fen Patronen. Auf die Frage, wem der Karabiner gehöre, mußte ich mich melden. Alle Anwesenden starrten abwechselnd auf den Fähnrich und auf mich. Ansonsten ringsum eisiges Schweigen. Nach der Frage, ob ich nicht wüßte, was ich zu tun hätte, erhob sich unter den Männern ein gefährliches Grollen. Was den Fähnrich bewog, zum richtigen Zeitpunkt das Lokal zu verlassen wäre vielleicht wissenswert, die Männer waren schon im Zuge, die Biergläser nach ihm zu schleudern. Mit guten Worten beschwichtigte ich meine Freunde. Ein Nachspiel, das ich befürchtete, fand nicht statt, der Fähnrich machte keine Meldung. An einem Abend marschierten wir bei Dunkelheit von Lieblmühle nach Breitenberg und am nächsten Tag nach Glotzing, alles mir vertraute Orte. Wieder kam ein turbulenter Sonntag, in Hauzenberg feierte man Kirchweih.

Inzwischen hatte sich bei der Bevölkerung herumgesprochen, daß ich mich bei der durchmarschierenden Einheit befinde. Beim Marsch durch den Markt standen die Leute jubelnd an beiden Seiten der Straße. Am Gasthaus Griebl hielt mir mein Schulfreund Eduard Schramm einen Maßkrug entgegen. Dem konnte ich nicht widerstehen, ohne Erlaubnis verließ ich die Marschordnung, sprang mit einem Satz über die Eingangsstufen und hastete ins Gastzimmer. Nur kurze Zeit durfte ich mich bei meinen Kollegen aufhalten, in Raßreuth wo die Kompanie eine kleine Rast einlegte, traf ich wieder meine Gruppe. Der Befehl zum Weitermarsch erfolgte noch am selben Abend. Über Sonnen- nach Ulrichsberg gelangten wir am Morgen des nächsten Tages an die Tschechische Grenze. Ohne Zwischenfälle erreichte unsere Einheit die täglich vorgeschriebenen Ziele, wobei wir von der Bevölkerung stürmisch begrüßt wurden. Nach drei Wochen war der Einmarsch beendet. Unter der Begeisterung von allen Seiten kehrten wir zurück nach Reichenhall. Meine Mission war beendet, mich hat man sofort entlassen. Bald war ich wieder in Piding bei meinen Kollegen auf der Baustelle und verlebte weiterhin sorgenfreie Tage.

Das Brückenbauwerk in Piding war im Herbst 1938 fertig. Die nächste Baustelle befand sich am Autobahn-Übergang Walserberg bei Schwarzbach auf österreichischem Boden. Mit mehreren Kollegen fand ich eine Unterkunft in Wals bei Salzburg. Die Ausflüge und Wanderungen an freien Tagen boten viele Sehenswürdigkei-

ten. Sehenswert waren in Salzburg die zerstörten Juden-Geschäfte am Tage nach der Kristallnacht. Ganze Straßenzüge boten ein Bild des Grauens. Die Katastrophe die keiner wollte und doch jeder ahnte, rückte immer näher. Das was in den nächsten Jahren auf uns Deutsche zukam, rechtfertigte kaum den kurzen Auftrieb und die Erholung von der vorherigen Misere. Der Kontakt mit den

Leuten in Wals vollzog sich in gegenseitiger Freundschaft. Im Sommer 1939 unternahmen wir unter Führung von einheimischen Burschen eine Wanderung auf den nahe gelegenen Untersberg. An einem klaren Samstag-Nachmittag machten wir uns auf zur Bergtour. Nach einer dreistündigen Wanderung übernachteten wir auf einer Alm. Um 3 Uhr früh hieß es fertigmachen für den Aufstieg zum Gipfel. Am Kreuz in 1800 m Höhe erlebten wir das unvergessliche Schauspiel, den Sonnen-Aufgang. Mochte der Aufstieg bei dieser Bergtour für gefährlich gelten, so war der Abstieg über den Dopplersteig für manchen von uns schwindelerregend. Ein gewisser Mann mit Namen Doppler meißelte Stufen in die Felsen, damit schuf er für Touristen einen gangbaren Weg. Vorbei an den Eishöhlen wo uns ein eisiger Windhauch entgegenwehte, wanderten wir zu Tal. Vieles gäbe es zu berichten von einer Bergtour. Die Gemsen mit ihrer Akrobatik auf den Felsen sind zu bewundern. Die Sage von Barbarossa ist bekannt, dem aufmerksamen Beobachter zeigt sich aus der Ferne ein bärtiger Männerkopf, der sich am Berg zum Teil durch die Zerklüftung der Felsen und dem des Waldbestandes als Silhouette deutlich abhebt. Das Ganze bleibt in Erinnerung ein Leben lang.

Im Laufe des Sommers 1939 entließ die Firma Wahler etwa die Hälfte der bei ihr beschäftigten Steinmetze. Auf der Suche nach Arbeit stieß ich auf die Firma Holzmann, München. Nach dem Angebot mehrerer Baustellen entschied ich mich für den Obersalzberg. Ich arbeitete dort als Steinmetz am Hotel Platterhof sowie bei kleineren Ausbesserungen auf dem Gutshof Hitlers. Wegen der verschärften Lage mit Polen flatterten bald Einberufungs-Befehle in die Reihen der Kollegen. Mir selbst war es nicht mehr ganz geheuer, doch diesmal ließ man mich in Ruhe, auf mich wartete etwas anderes. Kurz vor Weihnachten 1939 bekam ich von der Firma Holzmann die Entlassung. Da es aussichtslos war, in der Nähe eine Beschäftigung aufzutreiben, packte ich meine Sachen und fuhr nach Hause. Bis Ende des Jahres arbeitete ich in einem Steinbruchbetrieb bei der Firma Georg Kusser, Hauzenberg.

Bereits Ende 1939 kündigte sich mit Schneefällen ein strenger Winter an.

Die weiteren Jahre standen voll und ganz im Zeichen der Kriegswirtschaft. Wer nicht als Soldat diente, ist dienstverpflichtet worden. Ich mußte mich am 4. Januar 1940 um acht Uhr früh am Bahnhof Hauzenberg für den dort abgehenden Arbeitertransport bereithalten. Eine große Anzahl Männer traten mit unbekanntem Ziel die Reise an. Nach zweitägiger Bahnfahrt landeten wir in Friedeburg, Ostfriesland. Für die an der Kanalküste stationierten Flakeinheiten sollten stabile Unterkünfte errichtet werden. Unsere Ankunft war zu früh, der eisige Winter 1940 erlaubte keine Bauarbeiten. Die Unterbringung im Massenquartier glich einem schlechtgeführten Gefangenenlager. Wir saßen fest, viele wollten in die Heimat zurückfahren, den meisten fehlte das Geld. Ich selbst spielte mit dem Gedanken abzuhauen. Geldsorgen hatte ich keineswegs, nur lautete meine Devise: Den richtigen Moment abwarten. Offiziell durfte keiner weg, es blieb die Flucht, ob sie gelingt? Bis der Frühling seinen Einzug hielt und mit den Bauarbeiten begonnen werden konnte, verstrichen die Wochen im Nichtstun und 60% Lohnausgleich. Inzwischen zogen wir in das fertiggestellte Lager Wittmund. Mit dem Auftauen des Bodens begann endlich die Arbeit, die Baustellen lagen zwischen verstreut liegenden Gehöften. Das eintönige Lager-Essen veranlaßte mich, auf Hamstertour zu gehen, denn Butter, Speck und Eier hat der Bauer immer und darauf ging ich aus. Um das Vertrauen eines ostfriesischen Bauern zu gewinnen, muß man im bäuerlichen Bereich gut Bescheid wissen. Ich wußte wie man an die Leute herankommt, folglich ging ich von keinem Hof mit leeren Händen. Der Omnibus-Fahrer, ein Wilhelmshafener, bewunderte meine Virtuosität, weil es ihm selten gelang, einen Bauer zur Herausgabe von Lebensmitteln zu bewegen.

Nebenbei machte ich in Wittmund den Führerschein Klasse II, der mir später gute Dienste tat. Bei einer Betriebsversammlung wählte man mich zum Betriebsrat, darüber war ich nicht sehr erfreut, ich zielte auf eine andere Richtung. Als ich dann einer Brunnenbaufirma zugeteilt worden war, mußte ich handeln. Immer schon war es mein Wunsch das Meer zu sehen, jetzt, so nahe an der Küste, beschlossen mein Kollege Fritz Schützeneder und ich, an einem sonnigen Maimorgen mit der Kleinbahn an den Strand zu fahren. Eine Weile sonnten wir uns auf dem Damm und sahen in die zurückgebliebenen Wassertümpel, es war Ebbe. Bei dieser Gelegenheit unterbreitete ich meinem Freund Fritz den bereits gefaßten Entschluß, am Abend wegzufahren. Fritz erklärte sich sofort bereit mir zu helfen, dabei überlegte ich garnicht, welches Risiko ich wagte. Nach der Rückkehr ins Lager traf ich die nötigen Vorbereitungen. Fritz trug meinen Koffer zum Bahnhof, ich löste eine Fahrkarte nach Passau. Dann nahm ich von meinem Freund dankend Abschied. Es war ein Abschied für immer, Fritz ist in Russland gefallen. Noch überlegte ich nicht, wie es in Passau weitergehen sollte, ohne Zuweisung vom Arbeitsamt bestand keine Aussicht, irgendwo unterzukommen, übrigens lagen meine Papiere in Wittmund. In Passau kam mir der Zufall zu Hilfe. Im Hauptbahnhof traf ich eine Anzahl Hauzenberger, es schien, als wären sie gekommen, mich zu empfangen. Wie ich erfuhr, waren sie auf dem Weg zur Arbeit nach Nürnberg. Sie forderten mich auf mitzukommen. Ich wußte, daß ich sofort was unternehmen mußte, wenn meine Flucht Erfolg haben sollte. Ich wandte mich an den Transportführer, doch seine Befugnisse waren beschränkt. Da aber für den nächsten Tag abermals ein Transport geplant war, verwies er mich diesbezüglich auf das Arbeitsamt. Ich durfte keine Minute versäumen, sofort meldete ich mich und hatte Glück, am anderen Tag war ich dabei. Ein wenig verlegen wurde ich bei der Frage nach den Papieren, dazu konnte ich nur erwidern: Die Papiere kommen nach. Vom Arbeitsamt als weit gereister Mann eingeschätzt, übertrug man mir die Führung des Transports nach Nürnberg in eine Rüstungsfabrik.

Oberingenieur Gräser empfing in seinem Arbeitszimmer jeden Neuankömmling. Nach einigen Fragen überreichte er mir einen

Zettel, auf dem geschrieben stand: „Elektro-Karrn-Fahrer.“ Keine Ahnung von einem Elektrokarrn geschweige denn vom fahren, meldete ich mich beim zuständigen Meister. Vierzehn Tage Ausbildung genügten für den regelrechten Fahrdienst. Jetzt war es höchste Zeit, die Papiere zu beschaffen. Meine wiederholten schriftlichen Anforderungen blieben unbeantwortet, daraufhin bat ich die deutsche Arbeitsfront, sich einzuschalten. Weil eine Rüstungsfabrik gegenüber einer Baufirma Vorrang hatte, bekam ich umgehend meine Papiere. Es war höchste Zeit, Wittmund alarmierte die Polizei.

Während der zwei Jahre, die ich in Nürnberg zubrachte, hatte sich nach Außen nicht viel verändert. Polen und Frankreich waren besiegt, aus Russland kamen laufend Siegesmeldungen. Die Arbeit in Nürnberg bei Metall und Eisen (Neumeier) war nicht zu anstrengend, vom Einzelnen ist nichts Übermenschliches verlangt worden. Das allerwichtigste in Nürnberg war, ich hatte bei Familie Amschler ein ausgezeichnetes Privat-Quartier. Die Amschler-Oma bemutterte mich als wäre ich ihr eigener Sohn. Es war eine schwere Zeit, auf Lebensmittelmarken zu vegetieren, nun, wir halfen uns gegenseitig aus und waren zufrieden. Der Krieg mit seinen Begleiterscheinungen machte sich immer unangenehmer bemerkbar. Lebensmittel und alle übrigen Gebrauchsgüter waren längst rationiert, kurzum es begann wie es vor zwanzig Jahren geendet hatte. Der Stellungsbefehl kam mir am 18. Mai 1942 insofern gelegen, weil das Leben in den Städten zusehends unsicherer wurde. Flieger-Alarme und Bereitschaftsdienst bei der Werksfeuerwehr waren weitere Belastungen.

Die Einberufung lautete nach Prachatitz im Böhmerwald. Von dort erfolgte, nach drei Monaten Verbleib in der Kaserne die Abberufung. Am 2.8.1942 ging der Transport ab, übrigens der letzte nach dem Westen, laut Bekanntgabe des Kompanieführers. Nach mehrtägiger Bahnfahrt erreichten wir das Ziel, Paris.

Jetzt erinnerte ich mich an den alten Hansjörg, der bei Aßberger in Raßberg im Austrag lebte. Er kämpfte im Krieg 1870 gegen

Nürnberg 1940-42

bei/Familie Amschler

Max Bauer

Frankreich und war einer der wenigen mit beim Einmarsch in Paris. Trotz seines Alters half er im Sommer bei der Heu- und Getreideernte wobei er, wenn er mit der Sichel aufs Feld ging, zu sagen pflegte: „Den Roggen für mein Brot schneid' ich mir noch selber". Wenn wir im kleinen Kreis auf dem Felde zusammen waren und uns in der Nähe der Kittlmühle befanden, gab mir der Hansjörg Geld, dann mußte ich zur Mühle laufen, einen Krug Bier holen. Er erzählte mir vom Einmarsch in Paris und seinen Erlebnissen in Frankreich. Ich will nicht spotten, es stimmt jedoch heiter, wenn ich wortgetreu wiedergebe, daß, wie er mir erzählte, die Franzosen zum Wein „de vin" sagen. Diese zwei Wörtchen mögen manchem Leser nichtig erscheinen, ich halte sie deswegen für beachtenswert, weil viele Kleinigkeiten zum Ganzen beitragen. Zu dieserZeit hatte ich nicht die leiseste Ahnung, daß ich den Boden von Paris einmal betreten würde. Inzwischen war ich fünfundzwanzig Jahre älter geworden.

Paris heißt es, ist eine Reise wert.

Nach der Lage ist die Stadt von der Umgebung beinahe in ihrer Ganzheit zu überblicken. Es sei hier nicht der Platz, weitere Einzelheiten von dieser Metropole aufzuzählen, außer den angeführten Punkten gibt es natürlich eine weitere Anzahl von Sehenswürdigkeiten, die es wert sind zu besichtigen. Wer nach Frankreich reist, sollte unbedingt Paris als Mittelpunkt zu seiner Reise wählen, er mag sich dann überzeugen, daß ich nicht übertreibe. Ich schwärme keineswegs für ein Leben in der Stadt, möchte auch in keiner wohnen, von den Bauten jedoch und sonstigen Darbietungen laß ich mich beeindrucken.

In Paris wurden wir als Ersatz einem Landes-Schützen-Bataillon zugeteilt. Wach- und Streifendienst dominierten bei dieser Einheit.

Durch mehrmaligen Wechsel unseres Standortes habe ich Paris nach allen Richtungen kennengelernt. Als Wachposten erlebte ich alles Mögliche und Unmögliche. Das Jahr 1942 verlief verhältnismäßig ruhig, das änderte sich im Laufe des Jahres 1943 zusehends. An Fabriktore und Mauern malten die Franzosen unter anderem die Jahreszahlen 1918—1943. Die Zahlen sollten den Zusammenbruch Deutschlands symbolisieren. Die Franzosen rechneten 1943 mit der Befreiung ihres Landes. Auf Grund meiner Sprachkenntnisse habe ich bei meinen Streifengängen vieles erfahren, was nicht in den Zeitungen stand.

Fresnes ist ein Städtchen in der Nähe von Paris, dort befindet sich das größte Gefängnis von Frankreich. In seinen Mauern schmachteten während des Krieges unter deutscher Verwaltung Militär- als auch Zivilpersonen beider Geschlechter. Eingeteilt beim Wachpersonal hatte ich eines Tages die Aufgabe, festgenommene Personen von der Pforte ins Innere des Gefängnisses zu führen. Am Eingang gelangte man über eine abwärts führende Treppe in einen völlig dunklen Gang, der im Bereich der Zellen endete. Um die Orientierung zu verlieren, mußten die Häftlinge da hindurchgeführt werden. Ich nahm an der Pforte eine Französin in Empfang, um sie auf diese Weise ins Gefängnis zu begleiten. Ahnungslos über den Hof schreitend, riß mich plötzlich ein dumpfer Fall aus meiner momentanen Gedankenlosigkeit. Die Frau erlitt einen Schwächeanfall und stürzte zu Boden. Ohnmächtig und kreidebleich lag sie auf dem Pflaster. Ich war so benommen, daß ich nicht sofort wußte, was ich tun sollte. Hilfsbereite Kameraden von der übrigen Wachmannschaft eilten herbei und trugen die Frau zurück in die Aufnahme. Einigermaßen erholt, mußte sie mir abermals folgen. Der Gang ins Gefängnis blieb ihr nicht erspart. Ich erlaubte mir die Frage, weshalb sie hier eingeliefert wird. In ihrer Muttersprache angeredet, faßte die Frau zu mir Vertrauen und erzählte, daß ihr Mann von der Gestapo (geheime Staatspolizei) verfolgt werde und vor der Festnahme geflohen sei. Da sie nicht angeben konnte (oder wollte), wo er sich aufhielt, hat man sie verhaftet. Beteuernd sagt die Frau immer wieder zu mir:

„Je ne sais pas oú il se trouve."

„Ich weiß nicht wo er sich befindet."

Während des Gesprächs blieb sie stehen, hob den Rock hoch und zeigte mir ihre Oberschenkel. Mit Staunen und Entsetzen sah ich auf die zerschundenen, geschwollenen Beine, die alle Regenbogenfarben widerspiegelten.

D'oú est ce que cela vient?
Von wo kommt das?
Ça vient de les battres du Gestapo.
Das kommt von den Schlägen der Gestapo.
Hierauf übergab ich die Bedauernswerte der Frauen-Abteilung. nach einigen Tagen sah ich diese Frau noch einmal, als sie mit einem Transport nach Deutschland zur Arbeit abgeschoben wurde.
Es ist zu verständlich, daß dieses Gespräch mit der Französin an einem stillen Ort stattfand, allzuviel Vertraulichkeit Häftlingen gegenüber durfte man nicht zeigen, eine kleine Unvorsichtigkeit und schon saß man selber in einer Gefängniszelle. Von meinen Erlebnissen in Fresnes habe ich nur einen Fall geschildert.

Hier bin ich an einem Abschnitt angelangt, den ich am liebsten umgehen möchte. Dieses wohl dunkelste und erschütternste Kapitel meines Lebens muß ich, meinem Vorsatz entsprechend, ebenfalls zu Papier bringen. Ich gebe hier ein Geschehen preis, das ich bis jetzt nur einem Priester und einem verschwiegenen Freund anvertraut habe.

Unsere Einheit wurde im Laufe des Jahres 1943 einem Sicherungs-Regiment mit der Bezeichnung Z.B.V. (zur besonderen Verwendung) unterstellt. Den straffen Dienst und die damit verbundenen Einsätze bekamen wir bald zu spüren. Wieder einmal wie so oft stand die Kompanie im Hof vollzählig angetreten. Der Hauptfeldwebel verlas zwölf Namen, unter denen ich mich befand. Es waren Männer, die meisten von meiner Gruppe, hart gedrillt und hervorragende Schützen. Auf Befehl mußten wir uns, ausgerüstet mit Karabiner und Stahlhelm bereithalten. Nach Empfang von scharfer Munition bestiegen wir, begleitet von einem Unteroffizier, einen bereitgestellten L.K.W. mit dem wir zu einem in der Nähe von Paris gelegenen Fort fuhren. Unter dem Kommando unseres Unterführers betraten wir einen verdeckten Schießstand. Als ich blutige, von Kugeln zerfetzte Holzpfähle in einer Ecke liegen sah, wußte ich sofort, was hier vor sich ging. Etwa zwanzig Schritte vor einem im Boden eingerammten Pfahl

Während des Gesprächs blieb sie stehen, hob den Rock hoch und zeigte mir ihre Oberschenkel. Mit staunen und entsetzen sah ich auf die zerschundenen, geschwollenen Beine die alle Regenbogenfarben widerspiegelten.

Doú est ce que cela vient?

von wo kommt das?

Ça vient de les baitres du Gestapo.

Das kommt von den Schägen der Gestapo.

Hierauf übergab ich die Bedauernswerte der Frauen Abteilung. Nach einigen Tagen sah ich diese Frau noch einmal als sie mit einen Transport nach Deutschland zur Arbeit abgeschoben wurde.
Es ist zu verständlich daß dieses Gespräch mit der Französin an einen stillen Ort stattfand, allzuviel Vertraulichkeit Häftlingen gegenüber durfte man nicht zeigen, eine kleine Unvorsichtigkeit und schon saß man selber in einer Gefängniszelle.
Von meinen Erlebnissen in Fresnes habe ich nur einen Fall geschildert

Hier bin ich an einen Abschnitt angelangt den ich am liebsten umgehen möchte. Dieses wohl dunkelste und erschütternste Kapitel meines Lebens muß ich, meinen Vorsatz entsprechend, ebenfalls zu Papier bringen. Ich gebe hier ein Geschehen Preis das ich bis jetzt nur einen Priester und einen verschwiegenen Freund anvertraut habe.

Unsere Einheit wurde im Laufe des Jahres 1943 einen Sicherungs Regiment mit der Bezeichnung Z. B. V. (zur besonderen Verwendung) unterstellt. Den straffen Dienst und die damit verbundenen Einsätze bekamen wir bald zu spüren. Wieder einmal wie so oft stand die Kompagnie im Hof vollzählig angetreten. Der Hauptfeldwebel verlas zwölf Namen unter denen ich mich befand. Es waren Männer, die meisten von meiner Gruppe, hart gedrillt und hervorragende Schützen. Auf Befehl mußten wir uns, ausgerüstet mit Karabiner und Stahlhelm bereithalten. Nach Empfang von scharfer Monution bestiegen wir, begleitet von einen

170

Unteroffizier, einen bereitgestellten L.K.W. mit dem wir zu einen in der Nähe von Paris gelegenen Port (Festung) fuhren. Unter dem Kommando unseres Unterführers betraten wir einen verdeckten Schießstand. Als ich blutige, von Kugeln zerfetzte Holzpfähle in einer Ecke liegen sah, wußte ich sofort was hier vor sich ging. Etwa zwanzig Schritte vor einen im Boden eingerammte Pfahl machten wir „Halt". Auf Befehl lud jeder seinen Karabiner mit einer scharfen Patrone. Der zum Tode verurteilte, ein in Zivil gekleideter Mann, nach meiner Schätzung im Alter von vierzig Jahren, wurde hereingeführt. Zwei Unteroffiziere fesselten ihn an den Pfahl, legten ihm eine Binde um die Augen und hefteten eine weiße Markierung an die Herzgegend. Der Mann am Pfahl hob den rechten Zeigefinger, was er dabei vor sich hersagte wird wohl ein Gebet gewesen sein. Nach der Urteilsverlesung erging an uns das Kommando zur Bereitstellung. Sechs Mann gingen in die machten wir „Halt". Auf Befehl lud jeder seinen Karabiner mit einer scharfen Patrone. Der zum Tode Verurteilte, ein in Zivil gekleideter Mann, nach meiner Schätzung im Alter von vierzig Jahren, wurde hereingeführt. Zwei Unteroffiziere fesselten ihn an den Pfahl, legten ihm eine Binde um die Augen und hefteten eine weiße Markierung an die Herzgegend. Der Mann am Pfahl hob den rechten Zeigefinger, was er dabei vor sich hersagte, wird wohl ein Gebet gewesen sein. Nach der Urteilsverlesung erging an uns das Kommando zur Bereitstellung. Sechs Mann gingen in die Knie, ich stand mit den anderen dahinter. Unmittelbar darauf ertönte das Kommando „Legt an" und in wenigen Sekunden „Feuer frei". Die Salve krachte, ein Ruck und der Mann hing leblos in den Stricken. Unsere Ausführungen standen unter einer strengen Kontrolle, sowohl beim laden wie entladen der Gewehre. Nach dem Schuss mußte jeder das Schloss öffnen und die leere Hülse vorzeigen. Alle Anwesenden standen da mit bleichen Gesichtern und, lieber Leser, frage nicht nach dem, was in mir vorging. Ich habe geschworen, selbst wenn es mich das Leben kosten sollte, werde ich mich kein zweitesmal zu einer Exekution kommandieren lassen. Mein Herz schlug als wollte es die Brust sprengen. Später, in der vordersten Linie zwischen explodierenden amerikanischen Panzer-Granaten und im Bombenhagel, erreichte die Aufregung nicht im entferntesten das Ausmaß wie im vorher geschilderten Fall. Nicht die innere Bewegung allein bewirkte die ablehnende Haltung zu diesen und ähnlichen Vorkommnissen, sondern vor allem auch meine Einstellung gegen Mord und Krieg im besonderen. Für das Kriegshandwerk konnte mich niemand begeistern. Meine Einstellung ist nicht von jedermann geteilt worden, deshalb müßig, darüber zu Philosophieren.

Infolge der pausenlosen Bombardierungen der Bahnhöfe und Verkehrsknotenpunkte war die Landung der Amerikaner in der Normandie am 6. Juni 1944 nicht mehr aufzuhalten. Unsere Kompanie stellte den letzten Wachzug in Fresnes. Eines Morgens, ich stand als Posten am Hauptportal, hielt neben mir ein mit Zi-

Knie, ich stand mit den anderen dahinter. Unmittelbar darauf ertönte das Kommando „Legt an" und in wenigen Sekunden „Feuer frei." Die Salve krachte, ein Ruck und der Mann hing leblos in den Stricken. Unsere Ausführungen standen unter einer strengen Kontrolle sowohl beim laden wie entladen der Gewehre. Nach dem Schuß mußte jeder das Schloss öffnen und die leere Hülse vorzeigen. Alle Anwesenden standen da mit bleichen Gesichtern und, lieber Leser, frage nicht nach dem was in mir vorging. Ich habe mir geschworen, selbst wenn es mich das Leben kosten sollte werde ich mich kein zweitesmal zu einer Exekution kommandieren lassen. Mein Herz schlug als wollte es die Brust sprengen. Später, in der vordersten Linie zwischen explodierenden amerikanischen Panzer Granaten und im Bombenhagel, erreichte die Aufregung nicht im entferntesten das Ausmaß wie im vorher geschilderten Fall. Nicht die innere Bewegung allein bewirkte die ablehnende Haltung zu vilpersonen besetzter P.K.W. Die Insassen verlangten den Gefängnis-Kommandanten zu sprechen. Die Herren waren eine Abordnung des Internationalen Roten Kreuzes. Nach kurzer Zeit erfolgte die Freilassung der politisch Gefangenen. Als Wachpersonal in Fresnes überflüssig, war es uns gerade noch gelungen, unsere Einheit unbehelligt zu erreichen. Ohne jeglichen Kontakt mit irgend einem deutschen Wehrmachtsteil biwakierten wir einige Tage in den Wäldern um Paris. Der Versuch, die feindlichen Linien zu durchbrechen, scheiterte an der Abwehr der amerikanischen Panzer. Ohne Ross und Wagen, ausgehungert und deprimiert, führte uns der Leutnant in die Nähe eines Dorfes. Nach einer Erkundigung, die Mannschaft lag in der Zwischenzeit am Straßenrand in Deckung, trat der Kompanieführer zu uns mit den Worten:

„Kameraden wir sind gefangen."

Wenn eine Kompanie geschlossen in Gefangenschaft gerät, gibt es verschiedene Reaktionen, man sieht teils frohe, teils betrübte Gesichter.

Ein Mann in meiner Gruppe mit Namen Kurt Ost, beheimatet in Halle a.d. Saale, war 1918 in französischer Gefangenschaft. Ich muß gestehen, daß ich mir keine schweren Gedanken machte. Ein Münchner mit Namen Eiglsburger fiel mit freudig um den Hals und rief: „Max, Gott sei Dank."

Die Gefangennahme am 25. August 1944 leitete wieder einmal eine Wende ein. Zunächst befanden wir uns in den Händen der Franzosen. Als Schauobjekt trieben sie uns am nächsten Tag unter Stockhieben nach Versailles. Nicht vorbereitet, plötzlich Tausende von Gefangenen unterzubringen, übergaben uns nach einigen Tagen die Franzosen den Amerikanern. Mit ihren olivgrünen L.K.W.s fuhren sie uns wochenlang durch die Gegend. Zwei Monate waren Wiesen und Stoppelfelder unsere Campinglager. Die kleinen Viermann-Zelte, in die wir am Abend krochen, boten wenig Schutz gegen die schon aufkommenden Herbststürme, begleitet von schauerartigen Regengüssen. Die Verpflegung bestand ausschließlich in „C" Rationen. Ein kurzes Verhör endete mit zwei Fragen. Erstens, ob ich der Nazi-Partei als Mitglied angehörte, Zweitens, ob es mir leid tat, als die Gewerkschaften zerschlagen worden sind. Nach der Beantwortung der ersten Frage mit „Nein" und der zweiten mit „Ja" durfte ich wegtreten. Nicht bei jedem ging es so glatt, mehrere wurden abgesondert. Was mit ihnen geschah, hat man nicht erfahren. Im Oktober 1944 kam ich mit einigen Kameraden in ein großes Zeltlager bei Compiégne. Dort befanden sich Tausende auf engem Raum zusammengepfercht. Hier ist auch die erste Registrierung vorgenommen worden. Die Weiterbeförderung mit der Eisenbahn in offenen Güterwaggons erfolgte nach einigen Tagen. Als einzigen Kameraden von meiner Kompanie hatte ich nur mehr Englbert Seehuber. Wir blieben beisammen und hielten uns die Treue so lange wie möglich. Bei dauerndem Regen, ohne ein Dach über dem Kopf endete diese turbulente Fahrt nach drei Tagen und Nächten endlich in Cherbourg. Die Bahnstrecke, teilweise durch die Kampfhandlungen unterbrochen, war zur Not wieder befahrbar. Trotzdem entstanden immer wieder Wartezeiten vor Bahnhöfen und Gleisbauarbeiten. Das Signal stand wieder einmal auf „Halt". Stets reckten wir dann im offenen Waggon die Hälse wie die Gänse. Plötzlich bemerkten wir hinter uns eine dampfende Lokomotive, schon rief einer aus unseren Reihen geistesgegenwärtig: „Haltet euch fest." Die Landser in den hinteren Waggons schwangen sich auf die Bordwände, sprangen ab und rannten auf die Böschung. Unmittelbar darauf fuhr der Zug aus einem Einschnitt kommend in voller Fahrt auf den unseren. Ich befand mich ziemlich in der Mitte des Zuges, den Aufprall bekamen wir dadurch nur mehr abgeschwächt zu spüren. Alle Landser blieben glücklicherweise unverletzt, obwohl von den hinteren Waggons einige aus den Schienen sprangen und umstürzten.

Cherbourg, den 25. Oktober 1944,

die Vorbereitungen für die Überfahrt nach England waren getroffen. Etwa zweitausend Mann, zu denen Seehuber und ich zählten, standen um 10 Uhr Abends abmarschbereit zum Hafen. Jeder durfte froh sein, von da wegzukommen. Im beinahe unübersehbaren Zeltlager wateten wir bis über die Knöchel im feingetretenen Schlamm. Mit der ganzen Energie wollte ich sitzend die Nacht verbringen. Vergebens, als ich am Morgen aufwachte, lag ich wie alle anderen in der Schlamm-Gosse. Tagsüber klopften wir die getrocknete Kruste von den Kleidern. Ein tief ausgehobener Graben im Freien diente als Latrine, allzu verständlich war das Verlangen nach geordneten Verhältnissen. Auf halbem Wege zum Hafen mußten wir umdrehen und zurück ins Lager. Ein Sturm über der Nordsee verhinderte das Auslaufen der Schiffe. Am nächsten Tag standen wir um die Mittagszeit am Hafen. Der Frachter, der uns aufnahm, barg in seinem Innern einen in England vollgeladenen Güterzug. In unserer Gegenwart wurde er, nach der Verbindung mit einer Gleisanlage zum Schiff, mit einer Lokomotive an Land gezogen. Beim Anblick dieses Schauspiels schwand in manchem Landsergehirn die noch vorhandene Siegeszuversicht. Bei strahlendem Sonnenschein stach der Frachter mit der Menschenladung im Bauch in die spiegelnde See. Nicht gegen England, sondern nach England ging die Fahrt. Um zehn Uhr Abends ankerte das Schiff vor der Einfahrt zum Hafen von Southampton. Als wir am Morgen des nächsten Tages an Land gingen, stand ein Personenzug bereit. Lieber Leser, höchst ungewöhnlich für uns, wurden wir von den Engländern ins Landesinnere befördert. Genau abgezählt bekam jeder seinen Sitzplatz. Die Fahrt endete am späten Abend in Moreton, von wo aus wir nach ungefähr zwei Stunden Fußmarsch das Lager erreichten. Beim Marsch in der Dunkelheit, vorbei an hellerleuchteten Bürgerhäusern, befiel mich ein leises Heimweh. Lichtschein aus den Fenstern sah man auf dem Festland seit Jahren nicht mehr. Im Herbst 1944 war in England die Verdunkelung bereits aufgehoben. Das Eindringen der deutschen Flieger in diesen Luftraum war derzeit nicht mehr möglich. Im Bewußtsein, wenn auch als Gefangener, aus dem Dunkel ins Licht zu marschieren, schöpfte ich neue Kraft.

Im Lager Moreton angekommen, dauerten die an uns vorgenommenen Prozeduren bis Mitternacht. Sämtliche Mannen Impfen, Desinfizieren und zum Schluß einen Teller Suppe ausgeben, erfordert Zeit. Die Nächte im Oktober waren schon empfindlich kalt, zudem geschah alles im Freien. Schlotternd vor Kälte verbrachten wir den Rest der Nacht in den kleinen Viermann-Zelten. Bei der Einweisung am nächsten Tag ins Barackenlager verlor ich, durch das Verlesen der Namen nach dem Alphabet meinen Kameraden Englbert Seehuber. Ich habe ihn nie wieder getroffen.

In Moreton wurden die Arbeitskommandos zur Weiterbeförderung zum Einsatz zusammengestellt. Am 6. November 1944 verließ ich mit einem Arbeitertrupp das Sammellager Moreton. Mit Omnibussen fuhren uns die Amerikaner zum Arbeitslager. Wer es nie erlebt hat, sich monatelang nicht mehr satt essen zu können, hat keine Ahnung vom Gefühl beim Anblick eines reichgedeckten Tisches. Wir haben beim Einnehmen der ersten Mahlzeit nicht gegessen, wir haben gefressen. Von nun an ging es mir besser als beim deutschen Heer. Das, was für uns Gefangene auf den Tisch kam, davor mußten sich viele deutsche Wehrmachtsküchen samt ihren Gulaschkanonen verkriechen. Die Neger, in den Augen der weißen Amis nicht sehr geachtet, benahmen sich uns gegenüber stets korrekt und waren immer bereit, mit Gegenständen aller Art zu schachern. Besonderes Augenmerk richteten sie auf Armbanduhren. Die an mir vorgenommene Durchsuchung verlief so abstrakt, daß ich bis jetzt noch keine Erklärung dafür gefunden habe. Außer der Armbanduhr, die in der Hose verborgen war, zeigte ich alle übrigen Sachen vor. Der Ami musterte meine Utensilien, blätterte den Inhalt der Brieftasche fein säuberlich durch, tat den Rasierapparat nebst Klingen zur Seite und machte, als er alles kontrolliert hatte, Anstalten die Brieftasche zurückzugeben. Ich wagte zunächst nicht, sie zu nehmen, doch er hielt sie mir unablässig entgegen, bis ich zugriff. Meine Befürchtung, er wolle sich einen schlechten Scherz erlauben, war schnell dahin als ich meine Brieftasche mit allem Inhalt und dem mir zur Verfü-

gung stehenden Einkaufskapital wieder in Händen hatte. Während er die Brieftaschen der anderen Kameraden in eine Ecke warf, gab er mir meine zurück. Nebst anderem befanden sich darinnen französische Geldscheine im Wert von 3.000,– Francs (dreitausend) nach deutscher Währung damals 150,– Mark. Als die Schwarzen bei mir Geld witterten, boten sie alles ihnen zur Verfügung stehende zum Verkauf an. Den letzten Geldschein gab ich einem weißen Ami, der ihn als Andenken haben wollte. Auf Grund meines Alters, ich vollendete am 24. Januar 1945 das vierzigste Lebensjahr, wurde ich am 1. Januar nach Moreton zurück versetzt. Im Lager Moreton arbeitete ich während der restlichen Wintermonate in der Geschirr-Spül-Küche. Daß auf den ersten Winter in England ein zweiter folgen würde, daran dachten die wenigsten. Das Leben im Lager war trotz allem abwechslungsreich, kulturell ist alles getan worden, Theateraufführungen und ein Gesangverein sorgten für Unterhaltung. Vorträge über verschiedene Themen wurden gehalten, man konnte sich an Sprachkursen beteiligen, eine Bibliothek mit vielen Büchern stand zur Verfügung.
Dies alles trug dazu bei, das Los der Gefangenschaft leichter zu ertragen.

Am 12. April 1945 ging wieder ein Transport in ein Arbeitslager, aufgebaut für den Sommer aus Zelten, es befand sich in der Nähe von Planford. Nach verschiedenen leichten Außenarbeiten betreute ich den ganzen Sommer über im Lagerbereich die Blumenanlagen. Als Sensation erfuhren wir dort das Ende des Krieges. Im ersten Siegestaumel kürzten die Amerikaner vorübergehend das Essen, jedoch nur kurzfristig. Unter den P.o.Ws. drehte sich das Tagesgespräch nur mehr um die Entlassung. Es kursierten die schauerlichsten Gerüchte, da keiner wußte, wie es in Deutschland wirklich aussah. Briefe und Suchkarten blieben unbeantwortet. Im Herbst brachen wir das Lager ab, kranke und ältere Männer waren tatsächlich zur Entlassung ausgesondert worden und kamen bald in die Heimat. Noch einmal sah ich das große Durchgangslager Moreton. Dort erhielt ich endlich nach langer Zeit von meiner Nichte Resl das erste Lebenszeichen aus Vilshofen.

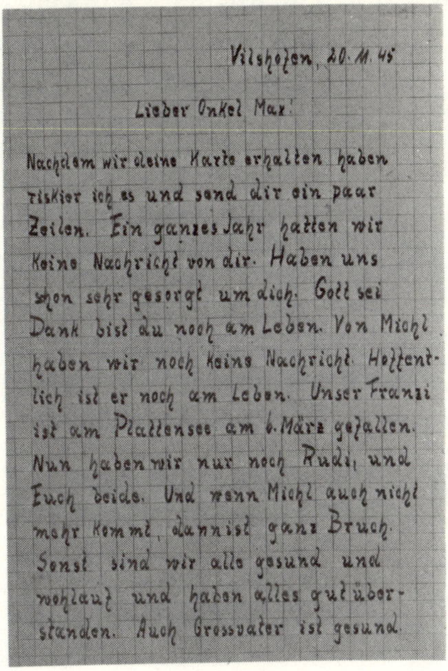

Vilshofen, 20.11.45

Lieber Onkel Max!

Nachdem wir deine Karte erhalten haben riskier ich es und send dir ein paar Zeilen. Ein ganzes Jahr hatten wir keine Nachricht von dir. Haben uns shon sehr gesorgt um dich. Gott sei Dank bist du noch am Leben. Von Michl haben wir noch keine Nachricht. Hoffentlich ist er noch am Leben. Unser Franzi ist am Plattensee am 6. März gefallen. Nun haben wir nur noch Rudi, und Euch beide. Und wenn Michl auch nicht mehr kommt, dann ist ganz Bruch. Sonst sind wir alle gesund und wohlauf und haben alles gut überstanden. Auch Grossvater ist gesund.

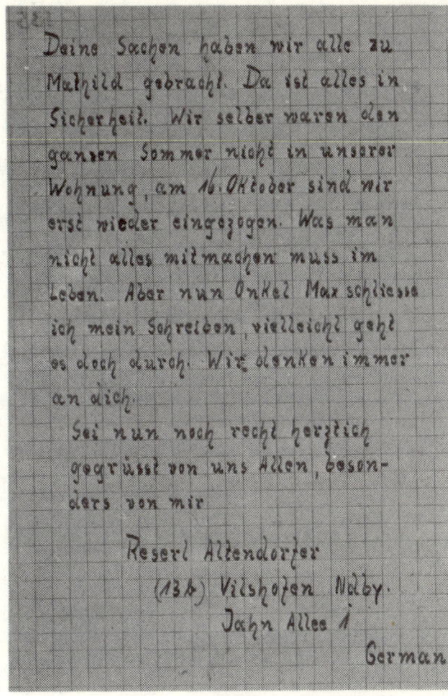

Deine Sachen haben wir alle zu Mathild gebracht. Da ist alles in Sicherheit. Wir selber waren den ganzen Sommer nicht in unserer Wohnung, am 16. Oktober sind wir erst wieder eingezogen. Was man nicht alles mitmachen muss im Leben. Aber nun Onkel Max schliesse ich mein Schreiben, vielleicht geht es doch durch. Wir denken immer an dich.

Sei nun noch recht herzlich gegrüsst von uns Allen, besonders von mir

Reserl Altendorfer

(13b) Vilshofen Ndby.

Jahn Allee 1

German

Im Februar 1946 erfolgte die Überführung in das von Engländern verwaltete Lager Springhill. Der Zufall wollte es, daß ich dort mit einem von meiner Heimat zusammentraf. Heinrich Hauer aus Hauzenberg war es, der mich am Abend nach der Ankunft in der Baracke aufstöberte.

Im Laufe der nun folgenden Wochen reihte mich der deutsche Lagerarzt in die Mannschaft der Arbeitsunfähigen ein. (Es soll durch die Fürsprache von Heinrich zustande gekommen sein, er war Sanitäter, somit stand er mit dem Arzt in Verbindung.) Die Entlassungs-Parolen wollten nicht mehr verstummen. Eine Untersuchung, durchgeführt von einem hohen englischen Militärarzt, bestimmte eine Anzahl für die Rückführung und, o Wunder, Heinrich und ich waren dabei. Die mit Namen aufgerufenen Auserwählten rüsteten schon nach einigen Tagen zum Abtansport. Angetreten vor der Baracke, trat der Lagerführer zu uns, richtete einige Worte an das vor ihm stehende Häuflein und verabschiedete sich mit vielen guten Wünschen und glücklicher Heimreise. Jetzt erst glaubten wir an die Heimfahrt. Wir kletterten auf die bereitgestellten Lastwagen. Diesmal ging die Fahrt nach London, wo wir sofort an Bord eines Schiffes gingen. Ich verließ England, wo ich achtzehn Monate zubrachte und als Kriegsgefangener zwei wirklich schöne Weihnachtsfeiern erlebte. Die Schiffahrt auf ziemlich stürmischer See während der Überfahrt bewirkte bei mir eine scheußliche Seekrankheit. Der Magen geriet dermaßen aus dem Gleichgewicht, daß ich keinen Augenblick aufrechtstehen konnte ohne mich zu übergeben. Das Schiff lief einen holländischen Hafen an, der Aufenthalt beschränkte sich nur auf die Zeit der Essensausgabe. Mit einem Transportzug ging es sofort weiter nach Deutschland ins Münster-Lager. Durch die leicht erkennbare Markierung, unterteilt in die vier Besatzungs-Zonen, erkannte jeder sofort seinen zuständigen Block. Nach nur einer Nacht Aufenthalt rollte der nächste Transportzug nach Marburg a.d. Lahn.

25. März 1946

In Marburg bekam ich die Entlassungspapiere, nebst einem Certificat für die Entschädigung der während der Gefangenschaft geleisteten Arbeit. Heinrich und ich bestiegen den letzten Transportzug nach Bamberg. Nur mehr formhalber von Amerikanern begleitet, durfte jeder ungehindert den Zug verlassen, von wo aus er seine Heimat auf dem kürzesten Weg erreichen konnte. Heinrich und ich blieben im Waggon bis Bamberg, einen Personenzug in Richtung Süden hatten wir bald ausgemacht. Am 27. März 1946 fuhr der Zug im Hauptbahnhof Passau ein. Meine früheren Überlegungen, nicht von den Deutschen in die Heimat zurückgeführt zu werden, haben sich bestätigt. Abgesehen von der Bequemheit darf ich sagen, daß eine Fahrt in die Freiheit eine der schönsten ist im Leben. Nur eine Nacht trennte uns beide noch vom Heimatort. Diese Nacht im Bahnhof zu verbringen, nahmen wir gerne in

Hafen an, der Aufenthalt beschränkte sich nur für die Zeit der Essenausgabe. Mit einen Transportzug ging es sofort weiter nach Deutschland ins Munster-Lager. Durch die leicht erkennbare Markierung, unterteilt in die vier Besatzungs-Zonen erkannte jeder sofort seinen zuständigen Block. Nach nur einer Nacht Aufenthalt rollte der nächste Transportzug nach Marburg a.d. Lahn.

25. März 1946

In Marburg bekam ich die Entlassungs-Papiere, nebst einen Certificat für die Entschädigung der, während der Gefangenschaft geleisteten Arbeit. Heinrich und ich bestiegen den letzten Transportzug nach Bamberg. Nur mehr formhalber von Amerikanern begleitet, durfte jeder ungehindert den Zug verlassen von wo aus er seine Heimat auf dem kürzesten Weg erreichen konnte. Heinrich und ich blieben im Waggon bis Bamberg, einen Personnenzug nach in Richtung Süden hatten wir bald ausgemacht. Am 27. März 1946 fuhr der Zug im Hauptbahnhof Passau ein. Meine früheren Überlegungen, nicht von den Deutschen in die Heimat zurückgeführt zu werden, haben sich bestätigt. Abgesehen von Bequemheit darf ich sagen daß eine Fahrt in die Freiheit eine der schönsten ist im Leben. Nur eine Nacht trennte uns beide noch vom Heimatort, diese Nacht im Bahnhof zu verbringen nahmen wir gerne in Kauf. Mein Wunsch mit der Lokalbahn durchs wildromantische Erlautal (auch Staffelbachtal) nach Hauzenberg zu fahren, ging nicht in Erfüllung, die Eisenbahnbrücke über die Donau lag gesprengt im Wasser. Ein klappriger Behelfswagen war das derzeitige Verkehrsmittel nach Hauzenberg. In der schwarzgefärbten Gefangenen-Kluft, die weißen Buchstaben P. o. W. (Prisonier of war) auf Hosenbeine und Rücken gemalt, den Seesack mit der wenigen Habe auf der Schulter, so stapfte ich am Vormittag den 28. März 1946 von Hauzenberg — Schachet über die Wiesen nach Fürsetzing.

Kauf. Mein Wunsch, mit der Lokalbahn durchs wildromantische Erlautal (auch Staffelbachtal) nach Hauzenberg zu fahren, ging nicht in Erfüllung, die Eisenbahnbrücke über die Donau lag gesprengt im Wasser. Ein klappriger Behelfswagen war das derzeitige Verkehrsmittel nach Hauzenberg. In der schwarzgefärbten Gefangenen-Kluft, die weißen Buchstaben P.o.W. (Prisoner of war) auf Hosenbeine und Rücken gemalt, den Seesack mit der wenigen Habe auf der Schulter, so stapfte ich am Vormittag den 28. März 1946 von Hauzenberg-Schachet über die Wiesen nach Fürsetzing.

Fürsetzing, mein Geburtsort, meine Heimat. Nicht im entferntesten hätte ich jemals daran gedacht, einmal auf diese Weise Einkehr zu halten. Niemand erwartete mich, erhoffte aber auch von niemandem große Anteilnahme. Mein erster Gang führte mich in das Haus meiner Verwandten. Die Bäuerin, verdutzt über mein unerwartetes Auftauchen, stellte mir nach kurzer Begrüßung eine Schüssel mit Mehlsuppe auf den Tisch, die ich behaglich auslöffelte. Sie war es auch, die mir vor der Abreise nach meinem Kompanie-Urlaub einmal den Koffer mit Lebensmitteln füllte. Ansonsten war ich niemandem zu Dank verpflichtet, da ich während meiner vierjährigen Militärzeit nichts zugeschickt bekam. Ich beabsichtige keineswegs, irgend jemandem einen Vorwurf zu machen, meine Kritik richtet sich vielmehr gegen das vielgepriesene Deutsche Rote Kreuz, das uns in der Gefangenschaft gänzlich ignorierte. Ich muß mich aber doch für fünf Zigaretten bedanken, die ich in der Gefangenschaft erhalten habe.

Vom Franzl-Hiasl ging ich anschließend zu den Eheleuten Schätzl (Schmid Hiasl), um nach meinem Zimmerchen zu sehen. Dort mußte ich erfahren, daß meine ehemalige Wohnstätte leer stand. Auf Anordnung meiner Schwester Maria verlegte man meine Sachen zu Mathilde Bauer in Steinberg. Zwischen Frau Bauer und mir bestand kein Verwandtschafts-Verhältnis, ich hielt mich lediglich manchmal bei ihr auf. Nun war ich gezwungen, auf unbestimmte Zeit zu bleiben. In ihrem Haus, in dem für mich reservierten Mansarden-Zimmer logierte eine Flüchtlings-Familie.

Nach den Erlebnissen der hinter mir liegenden Jahre gab ich mich mit dem Vorhandenen zufrieden.

Wie sah es in Deutschland aus?

Wirtschaftlich genauso wie vor fünfundzwanzig Jahren. Geldentwertung, Lebensmittelknappheit, Schwarzmarkt, dazu die Städte in Schutt und Asche. Bevor ich etwas unternahm, besuchte ich die Meinen in Vilshofen. Der Vater, fast erblindet, erkannte mich nur mehr an der Stimme, er freute sich über meine unversehrte Heimkehr. Ebenso sah ich dort nach all den Jahren meinen Bruder Michael gesund und wohlbehalten wieder. Meine Schwester Maria mit Familie trauerte um die beiden ältesten Söhne.

An dieser Stelle noch einmal zurück zum Vater. Wie schon berichtet, gab er die Wohnung in Oberkümmering auf. Sein zukünftiges Betätigungsfeld war der Markt Hauzenberg. Er ging seine eigenen Wege, die Gastwirtschaften waren seine Hauptquartiere, bei den Wirten verrichtete er für Essen und Unterkunft leichte Arbeiten. Wenn es ihm bei dem Einen nicht mehr gefiel, ging er zu einem Anderen.

Einige Monate war er in Fürsetzing, auch Steinberg war sein Domizil für einige Wochen, kurz und gut, wie es ihm gerade in den Kram paßte. Das Altersheim Straubing zählte ebenfalls für zwei Jahre zu einem Aufenthaltsort. Im Laufe der Jahre mußte er mehrere Herzattacken über sich ergehen lassen, von denen er sich immer wieder erholte. Einmal besuchte ich ihn im Krankenhaus Obernzell, es war die Zeit der großen Arbeitslosigkeit. Mein Freund Matthias Stemplinger ging mit mir, für die Bahnfahrt hatten wir kein Geld. Der Vater befand sich auf dem Weg der Besserung. Wir kamen zu ihm mit leeren Händen, für einen Krankenbesuch ziemlich peinlich. Alsbald machten wir uns auf den Heimweg, beim Abschied richtete der Vater an uns die Frage:

„Habt ihr Geld?" Nun ja, etliche Groschen hatten wir, dann gab mir der Vater eine Mark. Ich nahm das Geldstück mit Dank von ihm. Zu dieser Episode kann ich nur noch sagen: Statt dem Kranken eine Kleinigkeit mitzubringen, hat der Kranke Mitleid mit dem Besucher. Oder, habe ich einen Fehler gemacht, hätte ich das Geldstück nicht nehmen sollen?

Der Vater ging seine eigenen Wege bis zum Ausbruch des Krieges, mittlerweile hatte er den Achtziger auf dem Buckel. Jetzt schaltete sich Maria, seine Tochter ein. Sie fuhr nach Hauzenberg, packte ihn und nahm in kurzerhand mit sich nach Vilshofen. Noch einmal ist er heimlich auf und davon nach Hauzenberg, es gelang ihm jedoch nicht mehr, dort Fuß zu fassen. Er mußte in Vilshofen bleiben bis zu seinem Tode.

Ohne Arbeitsnachweis gab es keine Lebensmittel-Karten. Vom militärischen Zwang befreit, galt es, sich dem Zivilen anzupassen. Mit Markus Stemplinger von Berbing begann ich die Arbeit im Steinbruch Oberthießen. Die Steine lieferten wir zwar der Firma Gg. Kusser Hauzenberg, es ließ sich jedoch nicht umgehen, Lebensmittel gegen Pflastersteine einzuhandeln. Die Zuteilungen reichten trotz Schwerarbeiterzulage nicht aus.

Wiederum wie 1918 war in Deutschland von der großen Not die Rede. Hatten die Leute, besonders die Älteren, vergessen, welche Menschen während und noch Jahre nach dem ersten Weltkrieg 1914—18 wirklich hungerten? Als Knecht saß ich stets am reichlich gedeckten Tisch, es wurde gesotten, gebraten und gebacken wie Eh und Jeh, auch kann ich mich an keine leere Vorratskammer erinnern. In beiden Kriegen wuchsen die Feldfrüchte ebenso wie im Frieden, die Ställe standen voll Vieh. Die wenigen gaben davon und wenn, dann hauptsächlich nur gegen Ware. Wie 1918 so auch 1945 waren die Gebrauchsgüter nicht über Nacht produziert worden, der größte Teil stammte wohl aus verborgenen Lagern. Der kleinste Spezereihändler hatte ein sorgenfreies Dasein, wenn er nicht auf den Kopf gefallen war, vom großen ganz zu schweigen. Somit erübrigt sich die Frage nach der Herkunft der Schwarzmarkt-Ware. Viele Menschen wissen darum, die meisten jedoch hüllen sich in Schweigen. Warum?

Dauernd auf der Suche nach etwas Essbarem, kauften wir zu dritt von einem Häusler in Raßberg eine Kalbin (junges Rind).

Schätzl Josef (Schmidgeiger), Krinninger Joh. (der schwarze Hans) und ich taten uns zusammen. Eines Abends holten wir das Rind und trieben es bei dunkler Nacht, jeden Verkehrsweg meidend durch den dichten Forst nach Berbing. Der kaum erkennbare Weg hinter dem Forsthaus, vorbei an der Kapelle „Heiligen Röhrn" bis zum Steinbruch Brand erforderte des Nachts höchste Aufmerksamkeit. Wer mit Haustieren umzugehen versteht, der weiß, daß ein Stück Vieh im Dunkeln sofort jedes Hindernis wittert. Vor jedem Wassergraben blieb die Kalbin stehen und ich, der sie führte, wußte, daß Vorsicht geboten sei. Mit einem Satz sprangen wir beiden dann über das Hindernis. So könnte man vielmehr sagen: Das junge Ring war es, das uns sicher durch den Wald führte.

Die Schlachtung war bei Krinninger vorgesehen. Wir banden das Tier im Keller fest und gingen in die Stube, um uns vom Nachtmarsch ein wenig auszuruhen. Als wir ans Werk gehen wollten und in den Keller kamen, war zu unserem Schrecken das Rind verschwunden. Die Ursache konnte nur an einem Fehler beim festbinden gelegen haben, zudem stand die Kellertür offen, ebenfalls eine Nachlässigkeit unsererseits. Eine fieberhafte Suchaktion setzte ein, glücklicherweise fanden wir die Kalbin noch vor Tagesanbruch in einem Wiesendobel in der Nähe vom Thießenbächlein. Unverzüglich nahm Schmidgeiger die Schlachtung vor. Damit endete ein gefährliches Unterfangen, doch wir waren eine geraume Zeit versorgt mit zartem Rindfleisch. Schwarzschlachtung stand lange nach dem Krieg noch unter Strafe und doch wurde dieses Handwerk im großen betrieben. Abnehmer von solchen Schlachtprodukten gab es in Fülle, nur mußte man über das nötige Geld verfügen. Schwarzmarktwaren erhielt man nur zu wahnsinnigen Preisen. Personen von der Staatsgewalt beteiligten sich gleichwohl an Einkäufen, ihr Verhalten gegenüber Gesetzesübertretern muß nicht immer menschlich sein, stellvertretend dafür sind die Paragraphen. Ein Kleinbauer erzählte mir, während er im Stall ein Schwein schlachtete, stand ein Polizist am Hoftor Schmiere. Die Rationalisierung dauerte bis Ende der vierziger Jahres, eine von mir aufbewahrte Lebensmittel-Karte spricht dafür. Angesichts dieser Tatbestände sei es erlaubt zu fragen: Ist das der Dank des Vaterlandes, wenn ein Heimkehrer nach großen Strapazen im Krieg und Gefangenschaft gegen die Gesetze verstoßen muß, um sich satt essen zu können, während sich eine gewisse Schicht an dem Vorhandenen mästete?

Mein sauer erspartes Geld war wertlos geworden. Die Absicht, in den Jahren vor dem Krieg einen Bautechnischen Schulungskurs zu absolvieren, blieb ebenfalls auf der Strecke. Am Tage der Währungsreform im Juni 1948 stand ich mit 40,— DM Kopfgeld abermals vor der Stunde „Null". Aller Anfang ist schwer, pflegt man zu sagen, nun, ich bedurfte dieser weisen Worte nicht mehr, weil ich ein drittes Mal von vorne anfangen mußte. Mir ist der Anfang zum Metier geworden. Mein Ziel war nur mehr für ein geruhsames Alter zu sorgen.

Nach dem Auszug der Flüchtlingsfamilie bei Mathilde Bauer in Steinberg belegte ich das freigewordene Zimmer, somit war ich wieder mein eigener Herr. Dem Steinhauerhandwerk bin ich treu geblieben. Durch eiserne Sparsamkeit verfügte ich bald über ein ansehnliches Sparkonto.

Über kurz oder lang mußte ich etwas unternehmen, das Zimmer bei Frau Bauer entsprach nicht meinen Zukunftsvorstellungen. Die Familie Bauer benötigte übrigens wegen Heirat des Sohnes den Raum für sich. Ich mußte mir ein Heim schaffen, das mir niemand mehr streitig machen konnte. Bis es soweit war, vergingen noch einige Jahre.

Nach der Währungsreform folgten immer wieder Perioden von Stempelzeiten. Noch einmal packte mich das Reisefieber. Im April 1951 fuhr ich nach Scherfen im Tegern-Seer-Tal. In einem Steinbruch am Fuße des Hirschberges fand ich bei Steinmetzmeister H. Hechenberger eine Beschäftigung. Zum Stammlokal wählte ich den Gasthof zur Post in Rottach. An einem schönen warmen Sonntag-Nachmittag unternahm ich, mit einem mir bekannten Zitherspieler, einen kurzen Ausflug zum Wallberg. In der Gartenwirtschaft verbrachten wir einige gemütliche Stunden, dann kehrten wir zusammen wieder zurück nach Rottach. Anschließend gönnten wir uns noch einige Glas Bier im Gasthof zur Post. Gegen zehn Uhr Abends klopfte von hinten ein Herr auf meine Schulter. Obwohl ich ihn nicht kannte, nannte er mich beim Namen und frug, ob ich etwas vermisse. Auf mein Verneinen forderte mich der Fremde auf, bei meiner Brieftasche nachzusehen. Hastig langte ich in die innere Joppentasche, die Brieftasche war weg. Als ich den Inhalt, nach welchem sich der Herr erkundigte, mit 2.500,— DM (zweitausendfünfhundert) angegeben hatte, sagte er zu mir: Holen sie sich morgen ihre Brieftasche mit Inhalt auf der Polizei-Station in Rottach. Der Herr war ein Beamter von der Kriminalpolizei. Am nächsten Morgen in aller Früh nahm ich die Brieftasche dankend in Empfang, gab dem Herrn, der mich noch einmal aufsuchte, 50,— DM und machte anschließend den ganzen Tag „Blau". Es stellte sich heraus, daß am selben Sonntag aus einer Badekabine am Tegernsee Geld gestohlen worden war und bei der Leibesvisitation einiger verdächtiger Burschen unter anderem auch meine Brieftasche zum Vorschein kam. Auf welche Weise der Bursche in deren Besitz gelangte, ist mir ein Rätsel, im besoffenen Zustand ließe es sich erklären, das war keineswegs der Fall. Der Verlust von 2.500,— DM hätte mich empfindlich getroffen und meinen Zukunftsplan weit in die Ferne gerückt. Im Dezember 1951 packte ich meine Sachen zusammen und fuhr nach Hause, ich blieb fortan Daheim. Mit kurzer Unterbrechung war dann bis zu meinem Rentenalter die Firma Kusser Hauzenberg mein Arbeitgeber.

Im Jahre 1953 war die Voraussetzung zum Bau eines Eigenheimes gegeben. Wenn der Kauf des ins Auge gefaßten Grundstücks gelingen würde, so dachte ich, dann stünde den weiteren Schritten nichts mehr im Wege. Der Ankauf einer Waldparzelle von Otto Schauer in Hunaberg, Sohn des früheren Dienstherrn, eignete sich nicht für einen Bauplatz. Erst durch Tausch mit Johann Stemplinger, Bauer in Berbing, erwarb ich ein Grundstück an der Hauptstraße Hauzenberg-Büchlberg. Jetzt konnte ich darangehen, die Vorbereitungen zum Bau zu treffen. Nun bekam ich es mit den Behörden zu tun, die Baugenehmigung zog sich ein Jahr hin, der Bauplan mußte vor die oberste Baubehörde in Regensburg. Mein Übereifer kostete mich wegen frühzeitigem Baubeginn 50,— DM Strafe. Das Entgegenkommen von Johann Stemplinger mit Spanndienst, eine nicht zu teuere Mithilfe zweier Nachbarinnen beim Mörtelmischen, (Theres Schmöller und Amalie Schmid) und meine Eigenleistung ermöglichte es mir, im Jahre 1954 das Häuschen aufzubauen.

Die Arbeiten im Kellergeschoss hatte ich eigenhändig soweit vorangetrieben, daß ich für die oberen Räume vorläufig für eine Woche zwei Maurer benötigte. Als der Dachstuhl stand und das Dach gedeckt war, ging ich allein an die Arbeit. Ich legte die Kellertreppe, machte das Kellergewölbe, an die Reihe kamen die Verstockungen und die Giebel. Ich spielte Maurer, Steinhauer und Hilfsarbeiter. Als ich diese Arbeiten ausgeführt hatte, bestellte ich vom Baugeschäft Bauer & Sohn Hauzenberg einen Maurer zum Innenputz, für Küche und Schlafzimmer. Am 2. August 1954 zog ich in das noch nicht fertige Gebäude. Die Freude, endlich in meinen eigenen Mauern zu wohnen, verdrängte alle noch vorhandenen Unannehmlichkeiten. Aber, wie sah es innerhalb der Mauern aus? Keine Türen, keine Fenster, keine Fußböden und das fehlen vieler anderer Dinge. Ich zog die Matratze über eine Leiter auf den

Dachboden und schlug des Nachts unter den Dachziegeln mein Lager auf. Mir machte es Spaß, hatte ich doch viel Schlimmeres hinter mir, wo oftmals eine Mißstimmung am Platz gewesen wäre. Ich habe gelernt, abzuwarten und stets den richtigen Zeitpunkt zum Handeln gewählt. Nach einer kleinen Atempause bestellte

Berbing (1954)

ich die Schreiner, sie legten die Fußböden, setzten Türen und Fenster ein und ich hatte es behaglich.

Brennholz für den Winter war reichlich vorhanden und dennoch wurde es ein sehr harter. Während der Bauarbeiten kam mir das Arbeitsamt Passau großzügig entgegen. Unter der Bedingung, das Haus innerhalb fünf Jahren nicht zu veräußern, wurde mir Arbeitslosenunterstützung gewährt.

Im September 1954 meldete ich mich bereit zur Arbeit. Als Notstandsarbeit erhielt ich die Zuweisung nach Erlau an der Donau. Der Bau des Kraftwerks Jochenstein erforderte den Ausbau weiter Uferstrecken der Donau. Die vorgeschriebene Zeit dauerte vom 9. September 1954 — 9. März 1955. Bei täglich vierzehn Stunden Abwesenheit von Zuhause stand mir ein harter Winter bevor. Unerträglich war oft die beißende Kälte, wenn der eisige Ostwind durch das Tal strich. Dazu kam die nervenzehrende Eisenbahnfahrt Hauzenberg—Erlau und zurück mit den endlosen Rangier-Manövern in Schaibing. Täglich mußte ich um vier Uhr früh aus den Federn und selten kam ich vor Abends acht Uhr zur Ruhe. Anfang der fünfziger Jahre zeigte sich noch kein Fortschritt im heutigen Sinn, in dem es eine Selbstverständlichkeit ist, die Arbeiter mit öffentlichen Verkehrsfahrzeugen zum Arbeitsplatz zu befördern, wenn kein eigenes Fahrzeug zur Verfügung steht. Damals saß den Leuten der Schock der vergangenen Jahre noch tief in den Knochen, deshalb nahm man viel auf sich für einen bescheidenen Verdienst in harter Währung. Ich war sichtlich froh nach Ablauf der sechs Monate.

Im April 1955 bewarb ich mich um Arbeit bei Firma Kusser Hauzenberg als Pflasterstein-Sortierer im Hammerwerk Klingerreuth bei Wotzdorf. Diese Arbeit übte ich acht Jahre aus, dazwischen lagen in den Wintermonaten immer wieder Stempelzeiten. In meinem Heim in Berbing verbrachte ich die freie Zeit entweder mit Hausarbeit oder mit der Verschönerung des 1600 qm großen Grundstücks. In den Nachkriegsjahren beteiligte ich mich wieder bei festlichen Veranstaltungen als Mitglied der Musikkapelle Hauzenberg. Vor dem zweiten Krieg unter Leitung des Musikmeisters Herrn Josef Griebl, kam es nach dessen Tod zur Neuformierung. Im Jahre 1947 übernahm als Musikmeister Herr Xaver Esterbauer Wotzdorf die Leitung der Kapelle. Während seiner Laufbahn als Musikmeister führte Herr Esterbauer mit uneigennützigem Einsatz die Kapelle im weiten Umkreis von Erfolg zu Erfolg.

Im Verband blies ich die Posaune.

Acht Jahre hauste ich ungestört in meinem Heim. Ich übte aus, was ich in meiner Kindheit und anschließender langjähriger

Junggesellenzeit an Erfahrungen gesammelt habe. Ich habe gekocht, gewaschen, genäht, gebügelt, geputzt und vor allem gearbeitet und gespart. Um von den häuslichen Arbeiten entlastet zu werden, gab ich das Alleinsein auf. Ferner, da ich mich in meinem fortgeschrittenen Alter zu einer Heirat nicht mehr entschließen konnte, übergab ich im Jahr 1962 das Anwesen mei-

nem Neffen Wilhelm Gottinger. Dieser Schritt leitete wieder eine kleine Wende ein. Von der Arbeit Zuhause befreit, war es mir möglich, den freigewordenen Posten auf der Werks-Waage Kusser im Schotterwerk Klingerreuth zu übernehmen. Auf Befürwortung von Herrn Betriebsleiter Siegfr. Weishäupl trat ich eine Arbeit in einem mir völlig fremden Bereich an. Ich wagte diesen Schritt, er ist auch zu aller Zufriedenheit gelungen.

Am 23. Oktober 1963 stand ich das erste Mal an der Waage. Es gab keine lange Einführung, ein erwachsener Mann wird sich zurechtfinden, war die Ansicht der Werksleitung. Nun, ich fand mich zurecht. Herr Weishäupl ließ mir in organisatorischer Hinsicht freie Hand, was sich sehr bald vorteilhaft auf den Absatz auswirkte. Um die Wagenkolonnen zügig und ohne größere

Wartezeiten abfertigen zu können, machte ich mir im Waage-Häuschen eine Schlafstelle zurecht und übernachtete dort Montag—Samstag. Ich hatte den Vorteil, am frühen Morgen zur Stelle zu sein und ersparte den täglichen Gang von Berbing-Klingerreuth und zurück. Dieser Zeitgewinn erlaubte es, diverse Schreibarbeiten zu erledigen, die während der Stoßzeiten liegen blieben. Das Wissen, in Berbing jemanden zu haben, trug die Familie Gottinger zur Beruhigung bei. Die Stellung auf der Werks-Waage erforderte meine ganze Energie. Ich mußte, wenn ich mich im Alter von beinahe sechzig Jahren durchsetzen wollte, auf sehr viel Freizeit verzichten. Auf diese Weise sicherte ich mir in den letzten Arbeitsjahren meine Stellung.

Der Wunsch, in den Jahren vor meinem Rentenalter die Arbeit unbehelligt ausüben zu können, ging nicht in Erfüllung. Meine Odysee war noch nicht zu Ende.

Die Sehkraft des linken Auges schwand dermaßen, daß eine Operation vorgenommen werden mußte. Ein Schauder überfiel

mich bei dem Gedanken, die alten Tage das Leben als blinder Mann verbringen zu müssen.

Im Januar 1966 unterzog ich mich einer Operation in der Universitäts-Augenklinik-München (grauer Star). Nach gut überstandenem Eingriff und erfolgreich fortschreitender Heilung, versah ich nach drei Monaten, wenn auch mit geringer Behinderung, wieder die Arbeit auf der Werks-Waage. Im Bewußtsein, das Augenlicht wieder erlangt zu haben, faßte ich Mut zu neuen Taten. Lieber Leser, auch die sechziger Jahre verlangten ihren Tribut.

Ausgerüstet mit einem ansehnlichen Sparkapital, kaufte ich im Frühjahr 1966 in Jahrdorf ein Baugrundstück. Mein Bruder, zuerst begeistert von der gemeinsamen Errichtung eines Wohnhauses, ging nach einigem Hin und Her von seinen Vorhaben ab und unterstützte mich vorübergehend auf andere Weise. Mittlerweile sind die von ihm gemachten Zuwendungen beglichen.

Die Absage meines Bruders, sich am Projekt zu beteiligen, hemmte keineswegs die Ausführung meines Entschlusses. Ich baute das Haus im Alleingang.

Der Baubeginn im Herbst 1966 war ungünstig gewählt, der im November mit ungewöhnlich heftigen Schneefällen einsetzende Winter unterbrach die bereits begonnenen Bauarbeiten. Ein, über den Mauern errichtetes Notdach fegte ein Frühjahrssturm hinweg.

Es schien, als hätten sich wieder einmal alle bösen Dämonen gegen mich verschworen, doch mein Vertrauen auf das Gelingen blieb unerschütterlich. Waren doch Geduld und Abwarten stets meine Begleiter.

Im Laufe des Jahres 1967 ließ ich den Rohbau fertigstellen. Im folgenden Winter installierten Elektromeister Herr Josef Heindl und Schlossermeister Herr Johann Ritzer Licht und Wasserleitungen. Ohne Darlehen, sowie ohne Eigenleistung gelang es mir, das Haus bis Oktober 1968 bezugsfertig zu erstellen. Die Baukosten beliefen sich annähernd auf 80.000,— DM (achtzig Tausend).

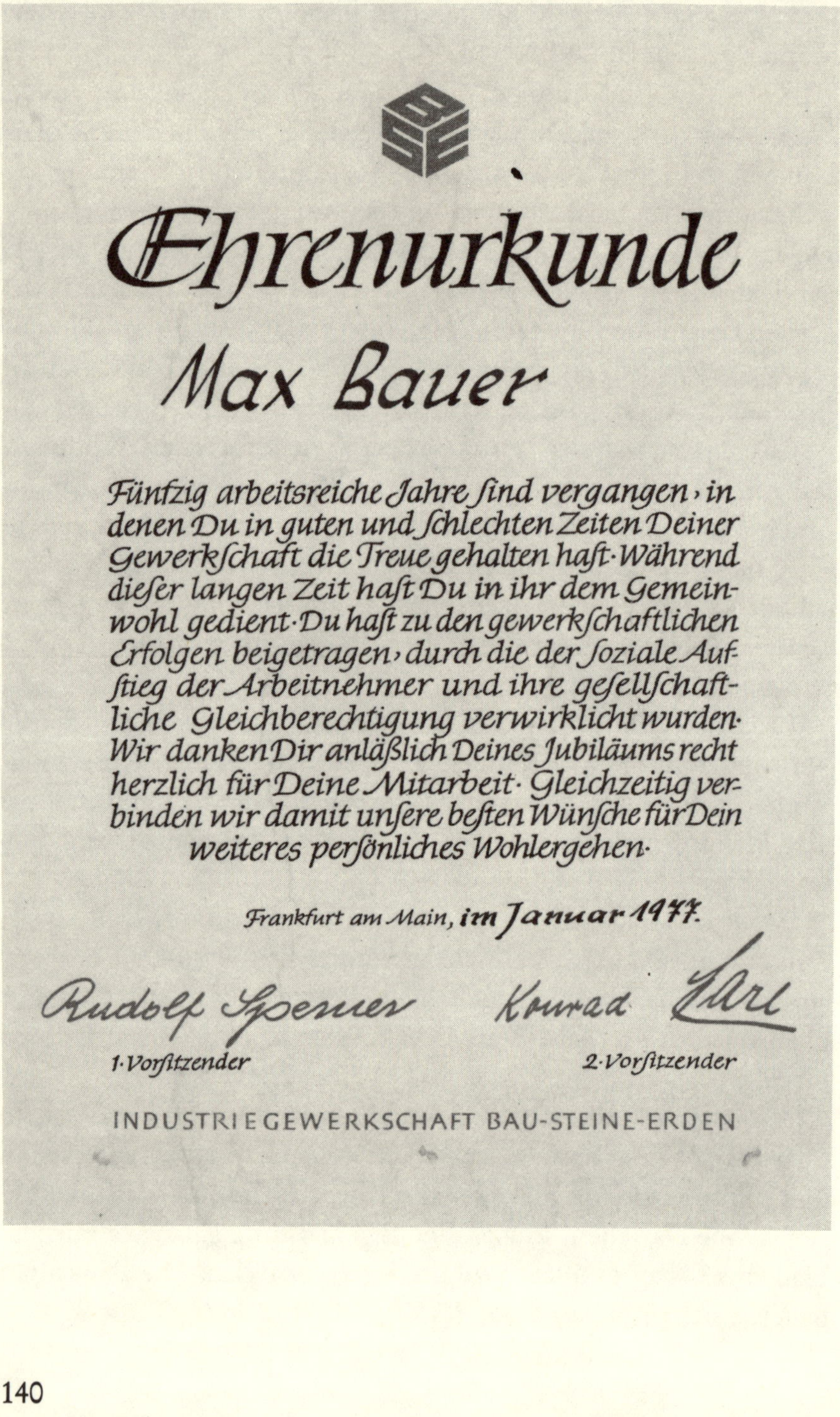

Ehrenurkunde

Max Bauer

Fünfzig arbeitsreiche Jahre sind vergangen, in denen Du in guten und schlechten Zeiten Deiner Gewerkschaft die Treue gehalten hast. Während dieser langen Zeit hast Du in ihr dem Gemeinwohl gedient. Du hast zu den gewerkschaftlichen Erfolgen beigetragen, durch die der soziale Aufstieg der Arbeitnehmer und ihre gesellschaftliche Gleichberechtigung verwirklicht wurden. Wir danken Dir anläßlich Deines Jubiläums recht herzlich für Deine Mitarbeit. Gleichzeitig verbinden wir damit unsere besten Wünsche für Dein weiteres persönliches Wohlergehen.

Frankfurt am Main, im Januar 1977.

Rudolf Sperner — 1. Vorsitzender

Konrad Carl — 2. Vorsitzender

INDUSTRIEGEWERKSCHAFT BAU-STEINE-ERDEN

Eine verwandte Frau belegte die unteren Räume in meinem Neubau. Ein Zusammenleben, das wir beide vorhatten, scheiterte an ihrem Eigenwillen. Der Auszug aus der Wohnung von Frau (N) und ein gerichtliches Nachspiel waren der Endeffekt. (laut Anwaltsbriefe.)

1969 mußte ich abermals in die Augenklinik nach München. Auch die Sehkraft des rechten Auges schwand immer mehr. Mit vollem Vertrauen unterzog ich mich im Februar 1969 der zweiten Operation. Wiederum war es ein voller Erfolg, sodaß ich nach drei Monaten Nachbehandlung die Arbeit aufnehmen konnte. Es hat sich bis jetzt keinerlei Nachteil ergeben.

Nach diesem wechselvollen Lebenslauf erreichte ich, mit meiner Gesundheit einigermaßen zufrieden, das Rentenalter. Am 24. Januar 1970 vollendete ich das 65. Lebensjahr. Ich befinde mich seitdem im Ruhestand. Ich habe mir aus dem Nichts eine Position geschaffen, womit ich zufrieden sein kann. Ich war auf meiner Lebensbühne Statist, Schauspieler und Regisseur in Einem. Wenn mir auch keine Rollen mit großen Gagen zugedacht worden waren, so dürfen meine Erben, nehme ich an, mit den vielen wenigen ein sorgenfreieres Leben verbringen können, als es mir beschieden war. Das Haus in Jahrdorf, Wagnerstr. 8 bleibt mein Eigentum bis zu meinem Tode.

Wenn ich zusammenfassend auf die durchlaufenen Stationen zurückblicke, sind es eine Reihe bunter Erlebnisse, sowie Ereignisse. Es bedarf einer besonderen Zähigkeit, in den schwierigsten Lagen Mensch zu bleiben. Meine nächtlichen Ruhelager erstreckten sich auf die mannigfaltigsten Orte. Ich habe geschlafen: in weißen Betten, auf Strohsäcken, schiefen Matratzen, Heuböden, in Spritzenhäusern, Geräteschuppen, Zelten und manchmal, um Obdach nachsuchend, bei der Polizei in einer Gefängniszelle, zuweilen aber auch auf der Mutter Erde.

Mit der Begründung, er müßte Miete zahlen, lehnte mein Neffe Wilhelm das von mir gemachte Angebot, nach Jahrdorf zu ziehen, ab. Dagegen war meinerseits nichts einzuwenden, ich konnte und wollte ihn nicht zwingen. Ohne weitere Worte tat ich immer das, was ich für gut hielt, „Abwarten". Ganz überraschend kam im Frühjahr 1970 vom Neffen Wilhelm der Wunsch nach Jahrdorf zu ziehen. Unbekümmert verbrachte ich die Zeit vom Juni 1969 bis zum Einzug der Familie Gottinger im Sept. 1970, allein in meinem Haus in Jahrdorf. Ohne Zutun meinerseits kam die Lösung dieses Problems, so wie ich es mir dachte, von selbst. Zur Vereinbarung bedurfte es nicht vieler Worte.

Mein Domizil sind die oberen Räume.

Es mag auffallend erscheinen, daß alles das, was ich unternahm, erst nach vielen Mühen und Rückschlägen wirkliche Gestalt annahm. Meine Zielstrebigkeit, der Eifer und Fleiß an den ins Auge gefaßten Absichten, haben in vielen Dingen eine Enttäuschung erfahren müssen, sodaß ich oft mit gedämpftem Optimismus an das Gelingen meiner Unternehmungen glaubte. Ich habe in meinem Vorwort auf das Unergründliche hingewiesen, sodaß ich hier sagen darf, das was der Eine im Handumdrehen erreicht, bringt der Andere nur unter schweren Opfern zustande. Darüber zu philosophieren würde vielleicht Apathie zur Folge haben. Mein Siebzigjähriges Dasein war wahrhaftig nicht arm an Grübeleien, Überlegungen, Abwägungen, Schätzungen und schließlich Beschlußfassungen. An Transzendenz jedoch wage ich mich nicht heran. Ich wage auch nicht, irgend jemanden anzuklagen, weder meine Eltern noch sonst jemanden. Mit Befremden höre ich oft junge Menschen sagen: „Die Eltern haben mich vernachlässigt, oder, die Eltern verstehen mich nicht." Solche und ähnliche Sprüche von der heutigen Jugend, die sich in der Welt nicht zurechtfinden, geben Anlaß zum Nachdenken. Ich nehme ihnen das nicht ab, weil meine Aufzeichnungen eine andere Sprache sprechen. Wir Alten tun uns viel schwerer, hineingeboren in eine Zeit, in der die sittlichen Normen unumstößlich ihre Geltung hatten. Dann das Hinübergleiten in das Neue ist für manchen alten Menschen eine Verwirrung, das bekomme ich von vielen Altersgenossen immer wieder bestätigt.

Jahrdorf 1968

Lieber junger Mensch, solltest du dieses Büchlein in die Hand bekommen und Lust dazu haben, es aufmerksam zu lesen, dann möchte ich dir nur einen Satz zurufen, der dich dein ganzes Leben begleiten soll:

„Selbstanklage ist die beste Anklage".

Ich konnte nicht verhindern, ein kleines Streiflicht in die Gegenwart hineinleuchten zu lassen, ein weiteres Vordringen halte ich hier für nicht angebracht, weil es meine Aufgabe ist, von der Vergangenheit zu berichten. Die Ereignisse der jetzigen Epoche möge die gegenwärtige Generation zu Papier bringen.

Ich habe meine Erinnerungen weder aus einer Chronik noch aus einem Tagebuch entnommen. Das was ich niedergeschrieben habe, entstammt dem freien Gedächtnis. Ein Tagebuch wird man in Arbeiterkreisen vergeblich suchen, von dessen Existenz wissen die Wenigsten. Ich erinnere mich an Geschehnisse, die sich in meinem 3.—4. Lebensjahr abspielten, das Taubenfüttern, das Betreuen der Bienen, das Entnehmen des Honigs aus den strohgeflochtenen Körben, alles Dinge, die der Vater in meiner Gegenwart verrichtete, die Bienenstiche, wobei die Mutter zur Schmerzlinderung ein Grasbüschel auf die Stichstelle preßte. Das alles geschah vor meinem Schulanfang, denn um diese Zeit waren die Haustiere, außer einer Katze, längst nicht mehr vorhanden. Das Zeitungslesen des Vaters, wovon ich berichtet habe. Er las mit Vorliebe die „Bayerische Zeitung", in ihr erschien wöchentlich jeden Samstag als Beilage „Der Eulenspiegel". Wie freuten wir uns auf diese, mit bunten Bildern und harmlosen Witzen ausgestattete Beilage. Nichts entging uns und nach gründlicher Durchsicht wurden diese Blätter fein säuberlich aufgehoben. Mit Ablenkungen von Außen wurden die Leute wenig confrontiert, somit ist es verständlich, daß Vorkommnisse jeglicher Art in der Gemeinschaft über lange Zeiträume nicht vergessen worden sind. Besonders vor dem ersten Weltkrieg durfte und konnte sich eine Gesellschaft nicht erlauben, den um sich gezogenen Kreis zu durchbrechen, es wäre einem Sturz eines jungen Vogels vom Nest gleichgekommen. Die kaum nennenswerte Berührung mit der Außenwelt gewährleistete einen engen Zusammenhalt. In der kurzen Freizeit, das konnte nur der Sonntag sein, erzählten die alten Leute Geschichten, wenn auch Schauermärchen oder von Geistern. Wir Kinder haben gelauscht, denn die Alten wußten immer etwas spannendes zu erzählen. Vieles haben wir geglaubt, worüber wir in späteren Jahren lächelten. Die langen Abende im Herbst und Winter hatten es in sich, die spärliche Beleuchtung in den Wohnungen trug dazu bei, das Fürchten zu lernen. Nicht selten nahmen wir die Füße hoch, um ja nicht unterm Tisch mit einem Geist in Berührung zu kommen. Man bedenke, außer der Wohnstube lag das ganze Haus im tiefsten Dunkel, nimmt es da nicht wunder, wenn in unseren kindlichen Vorstellungen in jeder Ecke ein Geist lauerte? Selbst einen Engel hätten wir gefürchtet, wäre er uns begegnet. Von den Los-

Max Bauer-1978

und Rauhnächten und sonstigen Bräuchen will ich Abstand nehmen, die Radiosendungen berichten in Abständen ausgiebig davon. Leider muß ich immer wieder feststellen, daß beinahe in allen Sendungen von den Gegenden im Oberland die Rede ist. Gerade unser Gebiet, der untere Bayerische Wald, die Dreiländer-Ecke Bayern, Böhmen, Österreich, bietet sich geradezu an als Fundgrube von Tragödien der Wilderer und Schmuggler. Die ausgeübten Messerstechereien, die Auseinandersetzungen mit den Gendarmen wie es sich oft auf Jahrmärkten abspielte, geraten in Vergessenheit, wenn die alten Menschen nicht mehr sind.

Es ist beschämend, wenn man die Erfahrung machen muß, daß sich die heutige Jugend für das Vergangene wenig oder garnicht interessiert. Will man Früheres erzählen, bekommt man gleich zu hören: „Ihr wart recht dumm und habt euch alles gefallen lassen." Dazu möchte ich sagen: Wer sich das Vergangene angehört hat, ist dabei nie schlecht gefahren, das war immer eine Binsenwahrheit.

Ich befinde mich nun auf der letzten Strecke des sich schliessenden Kreises, angefangen mit einer freudlosen Jugend über hartes Schaffen, Arbeitslosigkeit, Krieg und Gefangenschaft. Das Leben hat mir nichts geschenkt, mir ist nichts in den Schoss gefallen. Ein stürmischer Lebenslauf liegt hinter mir, während mancher Wunsch nicht in Erfüllung ging. Bleibt nur zu hoffen, daß der noch vorhandene Faden auf der unsichtbaren Spule bis zu seinem Ende glatter ablaufen möge. Fürwahr, es war ein Faden mit vielen Knoten, zuweilen ein gordischer.

Meine alten Tage, die mir noch vergönnt sein mögen, verbringe ich nach der Unbill der Vergangenheit ausgeglüht, ausgekocht und abgebrüht zusammen mit Familie Gottinger in meinem Heim in Jahrdorf.

Das Glück, wenn man es so nennen darf, eine treusorgende Person um mich zu haben, ist mir versagt geblieben. Habe ich etwas versäumt? Was ich in den langen Jahren unter fremden Menschen beobachtet habe, konnte mich vom idealen Zusammenleben nicht überzeugen.

Ich möchte nicht schließen, ohne der Nachwelt meine schönste Erinnerung anvertraut zu haben, sie lautet:
Meine schönste Erinnerung ist, daß ich meinem Vater nie einen, auch nicht den geringsten Vorwurf gemacht habe.

Jahrdorf, 1975
Max Bauer

Ich habe meine Erinnerungen weder aus einer Chronik noch aus einem Tagebuch entnommen. Das was ich niedergeschrieben habe entstammt dem freien Gedächtnis. Ein Tagebuch wird man in Arbeiterkreisen vergeblich suchen, von dessen Existenz wissen die Wenigsten. Meine Aufzeichnungen sind Selbsterlebtes. Ich erinnere mich an Geschehnisse die sich in meinem 3.—4. Lebensjahr abspielten, das Tauben füttern, das Betreuen der Bienen, das Entnehmen des Honigs aus den Strohgeflochtenen Körben, alles Dinge die der Vater in meiner Gegenwart verichtete, die Bienenstiche, wobei die Mutter zur Schmerzlinderung ein Grasbüschel auf die Stichstelle preßte. Das alles geschah vor meinen Schulanfang, denn, um diese Zeit waren die Haustiere, außer einer Katze, längst nicht mehr vorhanden. Das Zeitunglesen des Vaters, woron ich berichtet habe. Er las mit Vorliebe die „Bayerische Zeitung," in ihr erschien wöchentlich jeden Samstag als Beilage „Der Eulenspiegel." Wie freuten wir uns auf diese, mit bunten Bildern und harmlosen Witzen ausgestattete Beilage. Nichts entging uns und nach gründlicher Durchsicht wurden diese Blätter fein säuberlich aufgehoben. Mit Ablenkungen von Außen wurden die Leute wenig confrontiert, somit ist es verständlich daß Vorkommnisse jeglicher Art in der Gemeinschaft über lange Zeiträume nicht vergessen worden sind. Besonders vor dem ersten Weltkrieg durfte und konnte sich eine Gesellschaft nicht erlauben den um sich gezogenen Kreis zu durchbrechen, es wäre einen Sturz eines jungen Vogels vom Nest gleichgekommen. Die kaum nennenswerte Berührung mit der Außenwelt gewährleistete einen engen Zusammenhalt. In der kurzen Freizeit, das konnte nur der Sonntag sein, erzählten die Alten Leute Geschichten, wenn auch Schauermärchen oder von Geistern. Wir Kinder haben gelauscht, denn, die Alten wußten immer etwas spannendes zu erzählen. Vieles haben wir geglaubt worüber wir in späteren Jahren lächelten. Die langen Abende im Herbst und Winter hatten es in sich, die spärliche Beleuchtung in den Wohnungen trug dazu bei das Fürchten zu lernen. Nicht selten nahmen wir die Füße hoch um ja nicht unterm Tisch mit einen Geist in Berührung zu kommen.

Man bedenke, Außer der Wohnstube lag das ganze Haus im tiefsten Dunkel, nimmt es da nicht Wunder wenn in unseren Kindlichen Vorstellungen in jeder Ecke ein Geist lauerte. Selbst einen Engel hätten wir gefürchtet, wäre er uns begegnet. Von den Los und Rauhnächten und sonstigen Bräuchen will ich Abstand nehmen, die Radiosendungen berichten in Abständen ausgiebig davon. Leider muß ich immer wieder feststellen daß, beinahe in allen Sendungen von den Gegenden im Oberland die Rede ist. Gerade unser Gebiet, der untere bayerische Wald, die Dreiländer–Ecke, Bayern, Böhmen, Österreich, bietet sich geradezu an als Fundgrube von Tragödien der Wilderer und Schmuggler. Die ausgeübten Messerstechereien, die Auseinandersetzungen mit den Gendarmen wie es sich oft auf Jahrmärkten abspielte, geraten in Vergessenheit wenn die alten Menschen nicht mehr sind.

218

Es ist beschämend wenn man die Erfahrung machen muß daß sich die heutige Jugend für das Vergangene wenig oder garnicht interessiert. Will man Früheres erzählen bekommt man gleich zu hören: „Ihr ward recht dumm und habt euch alles gefallen lassen." Dazu möchte ich sagen: Wer sich das Vergangene angehört hat, ist dabei nie schlecht gefahren, das war immer eine Binsenwahrheit.

Ich befinde mich nun auf der letzten Strecke des sich schließenden Kreises, angefangen mit einer freudlosen Jugend über hartes Schaffen, Arbeitslosigkeit, Krieg und Gefangenschaft. Das Leben hat mir nichts geschenkt, mir ist nichts in den Schoss gefallen. Ein stürmischer Lebenslauf liegt hinter mir, während mancher Wunsch nicht in Erfüllung ging. Bleibt nur zu hoffen daß der noch vorhandene Faden auf der unsichtbaren Spule bis zu seinem Ende glatter ablaufen möge. Führwahr, es war ein Faden mit vielen Knoten, zuweilen ein Gordischer.

Meine alten Tage, die mir noch vergönnt sein mögen verbringe ich nach der Unbill der Vergangenheit ausgeglüht, ausgekocht und abgebrüht zusammen mit Familie Göttinger in meinen Heim in Jahrdorf.

Das Glück, wenn man es so nennen darf, eine Treusorgende Person um mich zu haben, ist mir versagt geblieben. Habe ich etwas versäumt? Was ich in den langen Jahren unter fremden Menschen beobachtet habe, konnte mich vom idealen Zusammenleben nicht überzeugen.

Ich möchte nicht schließen ohne der Nachwelt meine schönste Erinnerung anvertraut zu haben, sie lautet:

Meine schönste Erinnerung ist, daß ich meinem Vater nie einen, auch nicht den geringsten Vorwurf gemacht habe.

Jahrdorf, 1975

Max Bauer

†

Wenn du betest, dann denk auch an den verstorbenen Herrn

MAX BAUER

Rentner von Fürsetzing

welcher am 1. Januar 1947 gestärkt mit den Tröstungen der hl. Religion im Alter von 87 Jahren selig im Herrn verschieden ist.

Ruhe in Frieden!

Den Deinen o Herr wird das Leben nicht genommen, Sondern in ein Beßeres umgewandelt.

Heiligstes Herz Jesu erbarme dich meiner.

Durch Gottes Barmherzigkeit möge er ruhen in Frieden.

Druck A. Haller.

Dieter Adelmann
Überlegungen zu Geschichte und „Schuld"

Es war wirklich ein Zufall. Ich beschäftigte mich gerade mit Carlo Schmids Erinnerungen, als ich eine erste Photokopie des Heftes in die Hand bekam, in das Max Bauer seine Erinnerungen eingetragen hat. Der Abstand erscheint unüberbrückbar.

Carlo Schmids Erinnerungen sind ein Lehrbuch. In ihm gibt der Begründer des Staates über die Quellen seines Anteils an der Staatsbegründung Auskunft. Sein „inneres Leben" lasse er aus. Er wolle nicht Materialien für Studien über seinen Werdegang anhäufen und Stoff für eine Psychoanalyse des Autors sammeln. „Auch das beste Seelenleben würde an dem, was ich bin, nicht viel ändern und außer Neugier nicht viel zu wecken vermögen."

Der Übersetzer Valérys spricht hier, der das „innere Leben" zu gut kennt, um nicht zu wissen, daß die Mitteilbarkeit um so mehr entflieht, je inniger das Leben ist, das, indem es sich im Inneren gestaltet, außer sich Spielwerke sucht, um sich daran zu entfalten.

Carlo Schmid schreibt nicht, um sich zu erinnern. Er schreibt, um darzustellen. Das Exemplarische in seinem Anteil an den politischen Gestaltungen der Zeit soll durch sein Buch erkennbar werden, wenn er den Sinn des Grundgesetzes darlegt:

„Mir scheint, daß es ein gutes Instrument ist, um das Leben innerhalb der Grenzen der Bundesrepublik auch unter den politischen, ökonomischen und technischen Bedingungen dieses Zeitalters menschenwürdig zu gestalten, wenn wir dabei den moralischen Imperativ nicht aus dem Auge verlieren, unter dessen Gebot das Grundgesetz den Staat stellt, Institutionen und Freiräume zu schaffen, die uns gestatten, Staat und Gesellschaft im Maße unserer wachsenden Einsichten so einzurichten, daß in unserem Land alle Menschen unter Bedingungen, die sie in solidarischer Verbundenheit und in eigener Verantwortung frei gestalten, ohne Furcht und ohne Not und des Schutzes der Menschenrechte gewiß, in Frieden und gesicherter Freiheit leben können."

Dies auf der einen Seite; auf der anderen das Dokument: wie ein Mensch den Spuren seiner Selbstwahrnehmung nachgeht.

„Wie auf einem Filmstreifen rollten die beinahe lebenden Bilder meiner Kindheit vor meinen Augen vorüber, mich fragend was dir die Mutter gelernt hat? Sollte das alles umsonst gewesen sein?" Das ist der Kern. Die bänglich vorgestellte Frage eines beklommenen Herzens tut sich auf, die schüchtern auf den Ort der innigsten Befestigung des Selbst in einer Selbsterfahrung ausgeht und versucht, das ganze Leben darzulegen, um darin sich zu finden.

In der Sprache der Philosophie gibt es das Wort „Ethik". Schlägt einer im Lexikon nach, was es bedeutet, findet er: Wissenschaft von der Sittlichkeit, oder einfach Sittenlehre. Ich glaube, was uns als Leser der Erinnerungen von Max Bauer anrührt, ist, daß unsere Kenntnis der Grundlagen der Sittlichkeit herausgefordert wird — so ungenau und bruchstückhaft sie sein mag. Uns wird ein Urteil abverlangt.

Authentische Darstellungen aus der Zone absoluter Armut sind sehr selten. Sie gelingen nicht oft, schon weil irgend eine Art von Überwindung der Armut erreicht sein muß, ehe die Arbeit des Erzählens anfängt. Auch Max Bauer blickt ja aus dem Status des in gesicherte Verhältnisse gelangten Rentners im wohlgeordneten Sozialstaat Bundesrepublik auf seinen Lebenslauf zurück. Eine authentische Mitteilung ist selten, und in aller Regel ist die Öffentlichkeit auch nicht sehr daran interessiert, sie wahrzunehmen: Weshalb denn die Geschichte gerade dieses Menschen? Weshalb nicht irgend eine andere? Hat nicht jeder sein Päckchen zu tragen? Gibt es nicht viel, viel grausamere Leiderfahrung?

Es werden eher kleine Gruppen sein, die sich damit beschäftigen. Ich stelle mir vor, die Mitglieder einer Jugendgruppe hätten das Buch gelesen. Sie seien beisammen, um sich darüber zu besprechen. Was sie am allerwenigsten akzeptieren werden, dürfte die Vorstellung vom Oben und Unten sein, die Max Bauers Darstellung durchzieht.

„Memoiren werden veröffentlicht von Politikern, Generälen, Fürstlichkeiten, Schauspielern und vielen anderen Persönlichkeiten. Erinnerungen aber, von einem Menschen aus der untersten Schicht des Volkes, so stelle ich mir das vor, dringen kaum an die Öffentlichkeit" — aus der untersten Schicht des Volkes? Gäbe es eine untere Schicht, müßte es auch eine obere Schicht geben. Max Bauer schickt sich in eine Grundordnung der Welt, in der es günstigstenfalls möglich ist, die eine oder andere Stufe einer Leiter zu erklimmen, die das Oben und das Unten trennt.

Zu dem Bemerkenswerten der Darstellung gehört, daß für Max Bauer Bildung auf der Stufenleiter der vorgestellten Ordnung angesiedelt ist. Er habe nun einmal „keine höhere Bildung" genossen. Die „höhere Bildung" bleibt der Maßstab. Er versteht darunter die Bildung irgendwelcher, von ihm aus gesehen, hoch gestellter Leute.

Daraus erklären sich gewisse Eigenheiten seiner Sprache. Wendungen wie „entzieht sich meines Wissens" — vermischt aus den zwei Formeln „etwas entzieht sich meinem Wissen" und „meines Wissens ist das oder das der Fall", die „gewählt" werden, um den Ausdruck „weiß ich nicht" zu vermeiden — gehen nicht unmittelbar aus Mangel an Ausbildung hervor, sondern sie gehören zu den Folgen einer Norm, die sich Max Bauer selbst gesetzt hat, des „Höheren", des „Oben". Der Stil der Darstellung bildet darin beides ab: als Norm die Vorstellung von der Sprache einer Gruppe „höher" gestellter Menschen, zu denen Max Bauer keinen Zugang hat, und die Vergeblichkeit der Anstrengung, den Zugang zu dem „Hohen" zu erreichen.

Max Bauer spricht darin nicht seine eigene Sprache, sondern die Sprache des Phantoms, das ihn als das Bild des Unerreichbaren begleitet.

So hat sich sein Leben nicht nur anfangs in der übergroßen Armut, sondern immer im Gefühl dauernden Mangels zugetragen. Und so gesehen ist seine Darstellung auch in den Abweichungen von der eigenen Sprache wahr. Sie bezeugt darin das Gespenstische der absoluten Armut, das „Gespenst der Armut, das auf allem lastete", seitdem der Vater in den Agrarkrisen der Vorkriegszeit gezwungen war, das ländliche Anwesen der Familie aufzugeben.

Die absolute Armut ist nämlich ein „Gespenst": Sie ist nicht Wirklichkeit allein — das Wirkliche an ihr ist überwindbar —, sondern zugleich das Übel, das die Angst erzeugt. Dadurch wird die Lebenswirklichkeit entrückt; ängstlich wird alles Leben niedergedrückt.

Es gibt ein Stelle in der Darstellung, die uns etwas von der fortwirkenden Macht der Angsterzeugung deutlich macht. Max Bauer leitet sie behutsam ein. Er drückt genau das Wissen aus, einen Schlüssel für den verborgenen Gang des Selbstbewußtseins in der Hand zu halten: „Der ganze Bericht wäre unvollständig, würde ich eine Begebenheit verschweigen, zu welcher ich mich nach reiflicher Überlegung durchgerungen habe sie niederzuschreiben."

Eine Szene folgt, wie sie in den Grundlagen für die Hungerphantasien der europäischen Märchen unausdrücklich dem Kollektivbewußtsein noch immer gegenwärtig ist. Der Vater von Hänsel und Gretel weiß in einer der Hungerepedemien mit ihrer absoluten Armut, die eine europäische Gemeinerfahrung ausmacht, sich nicht anders der Sorge für die Kinder zu erwehren, als indem er die Kinder aussetzt. Er weiß nicht, wie er sie sättigen soll. Das Märchen führt den Gedanken weiter, bis in die phantastische Durcharbeitung der Erfahrung des Kannibalismus, die keiner Region der Erde erspart geblieben ist: im Garten der Hexe werden die Kinder gemästet, um verzehrt zu werden. Der ohnmächtige Vater ist der böse Riese, der — in der Macht der Ohnmacht, in der das Leben sich nicht mehr bewegt — die Menschen tötet. So weit das Märchen. Max Bauers Darstellung gelangt bis an die Grenze.

Vor kurzem wurde in Bonn eine Ausstellung mit Photos aus dem Konzentrationslager Auschwitz gezeigt. Jugendliche hatten sie organisiert, für Jugendliche — eine der Aktivitäten, die aus dem neuen kritischen Interesse an der NS-Vergangenheit hervorgegangen sind. Viele der Älteren kennen die Photos. Manche haben ja auch die Gedenkstätte des einen oder anderen Lagers besucht. Es gibt ein besonders berühmtes Photo, auf dem das Innere einer Lagerbaracke abgebildet ist, während sich noch Menschen darin aufhalten: abgemagerte Häftlinge in den Fächern der übereinander gebauten Pritschenverschläge.

Während der Ausstellung trat einer der Besucher vor dieses Photo, deutete auf das Bild eines Opfers, eines greisenhaft apathisch daliegenden Mannes, und sagte: das bin ich. Er heißt Willy Kessler. Er hat später eine Zeitlang als Pförtner und Bote im Bonner Arbeitsministerium gearbeitet, ist heute Rentner, fünfundfünfzig Jahre alt. Damals war er achtzehn.

Ihn, den freundlich verschlossenen Mann aus dem Alltag unserer Nachbarschaft, hätte ich mit jenen Bildern, die mir seit Jahren gegenwärtig sind, nie im Zusammenhang gesehen. Ich sah ihn als Besucher einer Ausstellung, wie ich als Besucher in die Ausstellung gegangen war. Oder vielmehr: ich habe ihn überhaupt nicht angesehen. Bis er sich eröffnet hat. Er hat sich offenbart. Die Verletzungen der Menschenwürde, die geschehen sind, bleiben gegenwärtig. Nur, man sieht sie nicht, solange sie nicht ausgesprochen sind.

Max Bauers Erinnerungen führen uns auf einen anderen Schauplatz. Halten wir uns an die Jahre, von denen die Ausstellung erzählte hat, müssen wir uns eingestehen, daß wir Max Bauer zu der Zeit auf der anderen Seite finden: uniformiert, in Stiefeln, Streifengänge in Paris, Wachdienst im Gefängnis, Hinrichtungskommando.

Er hatte auf seine Weise die Vorteile des NS-Regimes genossen, wie so viele. Die Arbeitslosigkeiten hörten auf. Der besondere Boom seiner Branche, im Steinhauerhandwerk, hatte ihn berührt. Die Brücken der Autobahnbauwerke wurden gebaut. Bis auf den Obersalzberg hat es ihn geführt. Er hat an Hitlers Villa mitgebaut. Er war umjubelt worden. Als er von seiner Heimat aus in das Gebiet jenseits der tschechischen Grenze einmarschierte, war er Held.

Es waren nicht die anonymen Mächte — „Zeit", „Umstände", „Milieu" —, die Max Bauer an die Pforte des Militärgefängnisses geführt haben, an der er seinen Dienst tat. Wenn es so wäre, daß durch eine „Machtergreifung" alles besser werden kann — wie ein Zauber plötzlich die Menschen von der Macht der Lebensangst befreit —, könnten die Schwierigkeiten nicht von der Art gewesen sein, daß sie allein durch kollektiv-gesellschaftlich-soziale Arbeit überwindbar wären. Darin liegt die Täuschung. Sie müssen dann durch „böse Kräfte" verursacht gewesen sein, die nun „ausgeschaltet" werden.

Die „schwierige Lage" selbst, in der wir uns befinden, haben wir mit zu verantworten, nicht nur, wie wir uns in ihr verhalten. Es gibt kein Oben, das uns Arme unten, schuldlos, in die Irre führt.

Gleichwohl: wer je einen Gang durchschritten hat, wie ihn Max Bauer in seiner Erinnerung an die Pforte des Gefängnisses beschreibt — „über eine abwärts führende Treppe in einen völlig dunklen Gang, der im Bereich der Zellen endete" hatte er die Gefangenen zu führen, damit sie die Orientierung verlieren —, wer je einen solchen Gang gegangen ist, der weiß, daß das Höhlenartige, der Schritt ins Dunkle, der Augenblick in dem der Wärter mit dem Gefangenen allein ist, die aufgestaute Angst zur Gewalttat des Sadismus freisetzt. Dies ist der Ort, an dem noch eh und je auf dieser Welt die eigentliche Qual des Folterns einsetzt. Max Bauer legt uns das Bekenntnis auf die Waage, für das sein Herz als Zeuge spricht: *ich* habe *das* nicht getan.

Er hat sich nicht verhärtet; und wahrscheinlich ist es dies, um das zu suchen er sich aufgemacht hat, sein Erinnern zu beschreiben: das Mitleid, das innere Aufsteigen der Tränen, das Weiche. Wo kommt es her? Warum läßt es sich nicht erhalten? Kann ich es ergründen?

„Eine grausame und widersprüchliche Zeit, einerseits fielen gewisse Leute auf die Knie, um vom Allmächtigen Barmherzigkeit zu erbitten und sich im gleichen Zuge nicht im geringsten um die Menschen kümmerten, die in Not und Elend ihr Leben fristeten." Es ist ein Grundirrtum der religiösen Erziehung jenes ländlichen Katholizismus, dem Max Bauer unterworfen gewesen war, zwischen der Zuwendung zu dem „Allmächtigen" und der Abwendung von dem Armen sei ein Widerspruch. Der Mythos des Allmächtigen ist die Abwendung vom Menschen.

Das ewige Vorbild auf der anderen Seite: die arme Mutter, die den Armen pflegt. Sie nahm sich der Kathl des Dorfes an, „badete sie, kämmte ihr das Haar, wusch und besserte ihre Wäsche aus". Zu allen Zeiten und unter allen Umständen ist es der Arme, der sich dem noch Ärmeren zuwendet und darin die Tatsache der Möglichkeit des menschlichen Verhaltens aus sich selbst begründet.

In seinem Vorwort nimmt Max Bauer einen allgemeinen menschlichen „Drang" für sich in Anspruch, seine Lebenserinnerungen zu schildern. Aber aus seinen Erinnerungen spricht das sehr besondere Bedürfnis des Menschen, der allein ist, jemanden zu suchen, um das Urteil über sich zu finden.

„Daß ich unter diesen Verhältnissen nicht stolperte und zu Fall kam, das zu ergründen überlasse ich dem Leser." Wie aber? An welchem Gesetz beweist sich, ob der Mensch gefehlt hat?

Am Ende gibt Max Bauer zu erkennen, er habe sich mit seinem Vater ausgesöhnt. Die Erklärung überrascht. Es gehört zum Ungestalten der Erzählart, daß sie plötzlich auftritt. Der Text des Lebensganges, wie er dargelegt ist, würde eher Zorn, Kritik und Auseinandersetzungen erwarten lassen.

Versöhnung — das Wort drückt aus, daß es sich bei dem Verhältnis eines Menschen zu dem Vater nicht um die Naturtatsache handelt, sondern um den Akt der Zuwendung, in dem ein Mensch mit den Quellen seiner selbst ins Reine kommt. Aber was sind die Quellen seiner selbst? Max Bauer will dem Urteil über sich – nach welchem Gesetz und von wem auch immer ausgesprochen – dies zur Grundlage gegeben haben, daß der Gang des Lebens nicht verfehlt sein kann, der im Bekenntnis der Versöhnung mit dem Vater endet.

Dreisessel
Braunbären im Nationalpark
Rachelkapelle
Steinernes Meer
HAUZENBERG/BAYER.WALD
mit Ausflugszielen
Lusengipfel
Hochstein
Dreiländereck

Gruss aus HAUZENBERG Bayer. Wald
Jahrdorf
Germannsdorf
Raßreut